Dirk Stalinski

AF667886

Outdoorrecht

Was erlaubt ist in Feld, Wald & Flur

Outdoorrecht

WAS ERLAUBT IST IN FELD, WALD & FLUR

Dirk Stalinski

Rediroma-Verlag

Bibliografische Information der Deutschen Nationalbibliothek: Die Deutsche Nationalbibliothek verzeichnet diese Publikation in der Deutschen Nationalbibliografie; detaillierte bibliografische Daten sind im Internet über http://portal.dnb.de abrufbar.

ISBN 978-3-98885-234-2

Copyright (2024) Rediroma-Verlag

Fotonachweis
Dr. Carsten Schäpers: Umschlagfoto, Fotos auf den Seiten 23, 140, 156, 160 und 162
Autor: Fotos auf den Seiten 10, 13, 144, 152 und 180

Alle Rechte beim Autor

www.rediroma-verlag.de
17,95 Euro (D)

Inhaltsverzeichnis

„Der Mensch hat unter den Weiten des Himmelszeltes nicht mindere Rechte als das Reh im Wald, der Hase auf dem Feld oder die Robbe im Spülsaum der Ostsee.“

Amtsgericht Lübeck, im Juni 2023

Worum es in diesem Buch geht:

Im Internet hat ein Bußgeld Furore gemacht: Ein auf Youtube aktiver Bushcrafter hatte ein Video von einer Übernachtung im Naturschutzgebiet „Siebengebirge“ auf seinem Kanal eingestellt. Dieses Video hatte auch ein aufmerksamer Mitarbeiter des Bonner Ordnungsamts gesehen und flugs eine Liste angelegt mit all den Verstößen gegen das geltende Recht, die er im Video entdecken konnte. Am Ende kam dabei die Androhung eines Bußgeldes in Höhe von 10.000 Euro heraus, die Aufregung in der Szene war groß.

Wenn es um das Übernachten im Wald geht und allerlei andere Aktivitäten, dann offenbart sich allenthalben ein gesundes Halbwissen. Niemand weiß es so genau und alle denken, dass man sich in einer „Grauzone“ bewegt. Was nun genau eine Grauzone ist, dass wiederum kann auf Nachfrage niemand definieren. Gemeint ist wohl, dass „es“ rechtlich nicht klar geregelt sei. Aber mit welcher

Folge? Ist der brave Waldläufer dann der Willkür des Försters ausgeliefert? Darf die Ordnungsbehörde nach Belieben Bußgelder verhängen? Und kann der Richter gar zu drakonischen Strafen verurteilen, obwohl die Rechtslage nur grau verschwommen ist?

Das vorliegende Buch hat den Anspruch, Licht in dieses Graue zu bringen. Eine Jede, ein Jeder soll vor der Wanderung nachlesen können, was erlaubt ist und was nicht. Nur so wird man einen erholsamen Schlaf finden, wenn man sich im Wald aufhält, womöglich übernachtet.

Sie sind eingeladen, mitzukommen auf eine Expedition durch den Paragraphendschungel.

Teil 1: Die Grundlagen

Wanda will wandern.

Sie will einige Tage im Wald verbringen. Sie packt ihren Rucksack und zieht los.

Wanda geht über öffentliche Straßen. Darf sie das eigentlich?

Dieses Land ist ein freies Land. Aus der Verfassung der Bundesrepublik Deutschland ergibt sich, dass alles erlaubt ist, was nicht ausdrücklich verboten ist. Das ist schon einmal ein guter Grundsatz. Es sollte allerdings nicht darüber hinwegtäuschen, dass doch ziemlich viel verboten ist; sei es, weil der Staat Interessen des Gemeinwohls schützen will, sei es, weil die Rechte anderer Menschen dem eigenen Freiheitsdrang entgegenstehen.

Man darf also den Fuß vor die Tür setzen - freilich nur im Rahmen der jeweiligen Widmung. Im Straßenrecht nennt man das „Gemeingebrauch". Der Bund formuliert es in § 7 Abs. 1 Satz 1Fernstraßengesetz (FStrG) wie folgt:

„Der Gebrauch der Bundesfernstraßen ist jedermann im Rahmen der Widmung und der verkehrsbehördlichen Vorschriften zum Verkehr gestattet (Gemeingebrauch)".

Ähnlich formulieren es die Länder in den jeweiligen Straßengesetzen; exemplarisch sei hier die nordrhein-westfälische Regelung genannt, § 14 Abs. 1 Satz 1 Straßen- und Wegegesetz NRW (StrWG NW):

„Der Gebrauch der öffentlichen Straßen ist jedermann im Rahmen der Widmung und der verkehrsrechtlichen Vorschriften gestattet (Gemeingebrauch").

Die anderen Bundesländer haben gleichlautende Vorschriften. Hier zeigt sich übrigens bereits das föderale Prinzip, nach dem die Bundesrepublik aufgebaut ist. Vereinfacht kann man es so fassen: Die Länder haben das Sagen, aber der Bund kann viele Kompetenzen an sich ziehen (hat er auch). So ergibt sich ein Nebeneinander von bundesrechtlichen und landesrechtlichen Regelungen. Das erschwert manchmal die Übersicht, ist aber letztendlich gar nicht so schlecht, weil zentralistische Regierungsformen nicht immer vorteilhaft sind.

Der Gemeingebrauch erlaubt es also, die Straßen und Wege frei zu benutzen, mit zwei Einschränkungen. Die erste Einschränkung ist die Widmung. Darunter ist die Entscheidung des Landes bzw der jeweiligen Kommune zu sehen, wozu denn eine Straße dienen soll. So kann etwa eine Straße als Spielstraße ausgestaltet sein oder auch als Einbahnstraße; nur in diesem Umfang wird der Gemeingebrauch gestattet. Die zweite Einschränkung bilden die verkehrsrechtlichen Vorschriften. Auf Autobahnen darf man nach der StVO nicht zu Fuß unterwegs sein und in der Stadt darf man nicht schneller als 50 km/h fahren.

Wanda wandert über einen Feldweg. Darf der Bauer das verbieten?

Dieses Land ist ein freies Land. Die Grundrechte garantieren das. Die Freizügigkeit etwa ist in Art. 11 GG verbrieft:

„(1) Alle Deutschen genießen Freizügigkeit im ganzen Bundesgebiet“.

Ein Satz mit einer ungeheuren Wucht. Jede und jeder Deutsche kann frei im Land reisen, wann, wie und wohin sie/er will, ohne sich vor dem Staat rechtfertigen zu müssen. Die Menschen in totalitären Staaten sehnen sich nach einem Artikel 11.

Dennoch ist die Sache so einfach nicht, sie ist schon etwas komplizierter. Denn das Feld und damit auch der Feldweg stehen im privaten Eigentum des Bauern[1], der im Grundsatz ja damit nach Belieben verfahren kann. Das Privateigentum ist grundgesetzlich geschützt. Art 14 Abs. 1 GG formuliert es so:

„Das Eigentum und das Erbrecht werden gewährleistet. Inhalt und Schranken werden durch die Gesetze bestimmt.“

---

[1] Wo ist der Unterschied zwischen „Bauer“ und „Landwirt“? Nun, ein ehrenamtlicher Landwirtschaftsrichter hat mir das einmal so erklärt: „Das ist doch ganz einfach. Ein Bauer ist ein Landwirt mit eigenem Land“.

Ein solches Gesetz ist unter anderem der § 903 Satz 1 BGB, der da sagt:

„Der Eigentümer einer Sache kann, sofern nicht das Gesetz oder Rechte Dritter entgegenstehen, mit der Sache nach Belieben verfahren und andere von jeder Einwirkung ausschließen“.

Das klingt einleuchtend. Wer ein Häuschen im Grünen sein Eigen nennt, kann von allen anderen Menschen verlangen, dass sie seinen Grund und Boden nicht betreten. Weder der Nachbar noch wildfremde Menschen sind berechtigt, sich im Garten niederzulassen und zu picknicken. Da hilft auch nicht der Hinweis, dass dies ja ein freies Land sei und die Freizügigkeit ja ausdrücklich „im gesamten Bundesgebiet“ gelte – siehe oben.

Hier zeigt sich nun Glanz und Elend der Grundrechte gleichermaßen. Sie versprechen viel, voller Enthusiasmus, und können dieses Versprechen am Ende nicht zur Gänze einhalten. Der Grund ist banal: Dort, wo Menschen zusammenleben, findet die Freiheit des einen ihre Grenze in der Freiheit des anderen. Deshalb sind die Grundrechte der anderen Menschen stets ein limitierender Faktor für die eigenen Grundrechte. Wer mutterseelenallein in der Wüste lebt, genießt grenzenlose Freiheit. Sobald ein Partner oder eine Partnerin hinzukommt, gilt das nicht mehr und es müssen Regeln gefunden und eingehalten werden: Wer bringt den Müll raus? Das schränkt die eigene Freiheit ein.

Was ergibt sich daraus für den Feldweg?

Eigentum ist Eigentum. Aber ein Feldweg ist kein Häuschen im Grünen. Und Eigentum ist vielleicht doch nicht gleich Eigentum. Klingt das verwirrend? Ja, und das ist es auch. Wieder einmal haben wir ein Grundrecht dabei ertappt, etwas prahlerisch zu sein. Der Artikel 14 gewährleistet das Eigentum, grenzt aber in seinem zweiten Satz, etwas verschämt, diese Gewährleistung doch ganz erheblich ein. Inhalt und Schranken werden durch die Gesetze bestimmt. Dieser Artikel 14 ist damit eines der kompliziertesten Grundrechte überhaupt[2], weil sein Schutzbereich nicht fassbar ist. Was wird geschützt vor dem Zugriff des Staates? Das Eigentum. Was ist Eigentum? Das legt der Bundestag fest, im Grundsatz nach Belieben, durch ein Gesetz mit einfacher Mehrheit. Würde da nicht das Bundesverfassungsgericht aufpassen, als Hüter der Verfassung, dann könnte der Gesetzgeber dieses Grundrecht nach Belieben aushöhlen bis zur Unkenntlichkeit.

Inhalt und Schranken des Eigentums sind vielfältig. Der Häuslebauer ist Eigentümer von Grund und

---

[2] Nur die Kunstfreiheit in Art. 5 GG ist komplizierter: Wer kann schon definieren, was Kunst ist?

Boden, aber nicht bis nach China und nicht einmal bis zum Mittelpunkt der Erde: Nach den Berggesetzen gibt es bergfreie Bodenschätze, die unter mir abgebaut werden dürfen. Oben sieht es nur wenig besser aus, denn *„Die Benutzung des Luftraums durch Luftfahrzeuge ist frei, …"*, § 1 I LuftVG. Also kann ich auch den Fluggesellschaften den Überflug nicht untersagen. Die Wassergesetze regeln, dass mir das Oberflächenwasser nicht gehört. Das Baurecht schreibt bis in das letzte Detail vor, wie ich bauen darf, welche Farbe das Dach haben darf, welche Hecke ich pflanzen darf. Die Liste ließe sich beliebig fortsetzen.

Wichtig ist die Erkenntnis, dass der Gesetzgeber den Schutz des Eigentums differenziert ausgestalten kann, und das hat er auch getan. Das Häuschen im Grünen und der Garten dahinter sind anders geschützt als der – ebenfalls im Privateigentum stehende – Acker oder Wald.

Für die freie Flur finden sich diese Regeln in den Naturschutzgesetzen von Bund und Ländern. Hier gilt: „Bundesrecht bricht Landesrecht", Art. 31 GG. Deshalb ist es notwendig, zunächst auf die bundesrechtlichen Regelungen zu schauen. In Bezug auf den Wald ist das überschaubar, denn im Kern muss man sich nur mit zwei Gesetzen befassen – dem Bundesnaturschutzgesetz (BNatSchG) und dem Bundeswaldgesetz

(BWaldG). Für den Feldweg folgt daraus, dass das BNatSchG einschlägig ist.

Das Bundesnaturschutzgesetz (BNatSchG)

Der Gesetzgeber hat hier sehr viele Dinge sehr grundlegend geregelt. Für Wanda ist § 59 die zentrale Norm und überschrieben mit „Betreten der freien Landschaft“:

§ 59 I Betreten der freien Landschaft

„Das Betreten der freien Landschaft auf Straßen und Wegen sowie auf ungenutzten Grundflächen zum Zweck der Erholung ist allen gestattet (allgemeiner Grundsatz)“.

Das ist wichtig. Die Kernaussage ist also die Freiheit zu lustwandeln. Die Landschaft muss frei sein, also nicht etwa eingezäunt (Weide, Streuobstwiese) und man muss auf den Wegen bleiben. Das ist hinnehmbar; wer privat unterwegs ist, darf also über die Feldwege laufen, der Bauer darf es ihm nicht verbieten. Anders ist das übrigens, wenn dies nicht zum Zwecke der Erholung dient: Der Veranstalter einer Wanderreise betreibt ein Gewerbe und muss also vorher den Eigentümer der Fläche um Erlaubnis fragen.

Weitere Einschränkungen seien hier bereits angedeutet. Das BNatSchG kennt verschiedene Schutzlevel. Das gerade beschriebene freie Betretungsrecht gilt uneingeschränkt nur für die „einfache“ Landschaft. In Naturschutzgebieten, Biosphärenreservaten und so weiter sind die Behörden ermächtigt, restriktivere Regeln zu erlassen und auch durchzusetzen. Der Bund hat in § 20 II BNatSchG die folgenden Schutzlevel vorgesehen:

- Naturschutzgebiete, § 23
- Nationalparks, § 24 (quasi Naturschutzgebiete de luxe)
- Nationale Naturmonumente, § 24 (quasi Naturschutzgebiete XXS)
- Biosphärenreservate, § 25 (grob gesagt: Kulturlandschaften)
- Landschaftsschutzgebiete, § 26 (geringerer Schutzlevel als ein NSG)
- Naturparks, § 27 (geringerer Schutzlevel als ein NSG, Tourismusförderung)
- Naturdenkmäler, § 28 (zB die alte Gerichtslinde)
- geschützte Landschaftsbestandteile, § 29 (zB Streuobstwiesen und Wallhecken).

Muss man das auswendig lernen? Nein, auf keinen Fall. Die Frage, ob eine Landschaft als Naturschutzgebiet oder als Naturpark oder sonstwie unter

Schutz gestellt werden soll, muss allein die Behörden bekümmern. Die Wanderer müssen es ohnehin nehmen, wie es kommt.

Der Bund verlangt von den Ländern, dass sie mindestens zehn Prozent ihrer Fläche unter Schutz stellen, § 20 I. Die konkrete Ausgestaltung überlässt er den Ländern, § 22. Hier zeigt sich erstmals ein Grundsatz, der das gesamte OutdoorR prägt: Der Bund gibt nur die großen Linien vor, die Kärrnerarbeit machen die Länder. Folge: Das Landesrecht ist im Wanderalltag bedeutsamer als das Bundesrecht. Denn für die praktische Frage, was man wo darf, gibt es beim Bund keine Antworten, wohl aber bei den Ländern. Dazu später mehr.

Und wie ist es mit dem europäischen Recht? Es gibt drei wesentliche Richtlinien:

- 92/43 EWG – die sogenannte FFH-Richtlinie (Fauna-Flora-Habitat), die als Ziel einen Biotopverbund namens „Natura 2000“ formuliert (Art 3 I, 4 I)

- 2009/147 EG – die Vogelschutz-Richtlinie

- 2013/17 EU – eine Richtlinie betreffend vom Aussterben bedrohte Arten.

„Richtlinien“ im europarechtlichen Sinn binden nur die Mitgliedsstaaten und nicht den einzelnen Bürger. Wenn im nationalen Recht also sperrige

Paragraphen in Schachtelsätzen auftauchen, in denen auf diese Richtlinien Bezug genommen wird, dann darf man das getrost überlesen.

Wanda kommt an den Waldrand. Darf sie den Wald betreten? Evtl nur auf den Wegen? Ist das Unterholz verboten?

Ab hier gelten die Waldgesetze des Bundes und der Länder. Die großen Linien werden im BundeswaldG (BWaldG) vorgezeichnet, also soll der Fokus zunächst hierauf gerichtet sein.

§ 14 sagt:

„(1) Das Betreten des Waldes zum Zwecke der Erholung ist gestattet. Das Radfahren, das Fahren mit Krankenfahrstühlen und das Reiten im Walde ist nur auf Straßen und Wegen gestattet. ....

(2) Die Länder regeln die Einzelheiten. Sie können das Betreten des Waldes aus wichtigem Grund ....einschränken....“

Also: Der Bund zieht eine grobe Linie. Die Länder können es dabei belassen, sie können aber auch strenger sein. Und so viel vorab: Sie sind es manchmal.

Zusammenfassend lässt sich also festhalten, dass

- im Grundsatz alle das Recht haben, die freie Landschaft auf Straßen und Wegen und auf ungenutzten Grundflächen zum Zwecke der Erholung zu betreten, § 59 BNatSchG,
- im Grundsatz alle das Recht haben, den Wald zum Zwecke der Erholung zu betreten, § 14 BWaldG,
- sie dabei wildlebende Tiere nicht stören dürfen, § 19a BJagdG,
- die konkreten Regeln aber nur im Landesrecht zu finden sind und
- in besonders geschützten Gebieten, wie etwa NSG, besondere Regeln gelten, die es erst einmal zu finden gilt.

Wanda muss sich also erst einmal fragen, in welchem Bundesland sie sich befindet.

Deutsche
Gesetze

Teil 2: Die Bundesländer

In diesem Kapitel wird das OutdoorR der einzelnen Bundesländer besprochen, in alphabetischer Reihenfolge. Generell lässt sich sagen, dass die maßgeblichen Rechtsnormen in den Landesnaturschutzgesetzen und den Landeswaldgesetzen zu finden sind. In anderen Gesetzen muss man nicht nachschauen. Eine Ausnahme bildet Hessen; hier findet sich im Landesjagdgesetz eine versteckte Regelung, die den Jäger freut und den Wanderer mutmaßlich ärgert.

Der „einfache“ Wald und die „einfache“ Landschaft

In jedem Bundesland wird zunächst die Rechtslage für den „einfachen“ Wald und die „einfache“ Landschaft dargestellt. Das ist der Mindeststandard.

Gesetze sind mal mehr und mal minder gelungen. Auch der Gesetzgeber kann mal einen schlechten Tag haben. Sie werden bei der Lektüre auf Begriffe stoßen, die in ihrer Unschärfe schwer fassbar sind und mehr Fragen aufwerfen als Antworten geben.

Um ein Beispiel zu geben: Mancherorts ist es verboten zu „lagern“. Was darunter zu verstehen ist, wird von den Gesetzgebern nicht definiert. Hier ist die Rechtsprechung gefragt; anders formuliert: Das Gericht wird einem schon sagen, ob man verbotswidrig gelagert hat oder nicht. Wer darüber erschrickt, sollte sich vergegenwärtigen, dass jede Definition eines Begriffs auf andere Begriffe angewiesen ist, die wiederum einer Definition bedürfen. Im Kern funktioniert ein solches Rechtssystem ganz gut, man denke nur an den Straftatbestand der Körperverletzung, § 223 StGB: Was unter körperlicher Misshandlung oder Schädigung der Gesundheit zu verstehen ist, hat der Gesetzgeber seit dem Inkrafttreten des StGB am 01. Januar 1871 nie definiert – und dennoch scheitert die Strafrechtspflege nicht daran.

Ein anderes Fragezeichen mag in Ihren Augen auftauchen, wenn scheinbar eine Regelung fehlt. Hier hilft es, sich die Grundlagen vor Augen zu führen. Ein Beispiel: In Bayern etwa ist ein Feuer im Wald ausdrücklich verboten. Für die freie Landschaft fehlt eine solche Regelung. Kann man daraus den Umkehrschluss ziehen, dass außerhalb des Waldes ein Feuer erlaubt ist? Nein. Aber warum nicht? Nun, auch die freie Landschaft darf nicht nach Belieben genutzt werden. In den Landschafts- und Naturschutzgesetzen der Länder, in Bayern konkret in den Art. 26 – 29 des Bayerischen Naturschutzgesetzes (BayNatSchG) werden bestimmte Aktivitäten generell erlaubt, wie etwa das Wandern, das Skifahren, das Schlittenfahren, das Reiten, das Ballspielen „*...und ähnliche sportliche Betätigungen*[3]", Art. 29 BayNatSchG. Der Grundeigentümer kann es nicht verbieten, es ist ein echtes Jedermannsrecht. Umgekehrt folgt daraus: Alles andere darf der Grundeigentümer verbieten, weil er der Eigentümer ist. Konkret bedeutet das also: In der freien Landschaft darf man ein Feuer nur mit Erlaubnis des Grundeigentümers machen.

Es bleibt die Frage, warum es dann eine ausdrückliche Regelung im Waldgesetz gibt? In Art. 17 I 1 Nr. 2 des Bayerischen Waldgesetzes (BayWaldG) steht geschrieben: „*Wer in einem Wald ...ein unverwahrtes Feuer anzünden ...will, bedarf der Erlaubnis*". Ist das nicht überflüssig? Nein. Denn es kommt nicht auf die Erlaubnis des Grundeigentümers an. Diese Regelung zum Feuer gilt für den Staatswald wie für den Privatwald gleichermaßen[4] und die Erlaubnis muss von der staatlichen Forstaufsicht erteilt werden, Art. 26 II Nr. 1 BayWaldG. Die Erlaubnis des Grundeigentümers braucht man dennoch, sie reicht aber nicht aus. Das ist der Sinn der Regelung im Waldgesetz.

---

[3] Was sind „ähnliche sportliche Betätigungen"? Das wird vom Gericht definiert werden, siehe oben.

[4] Das ergibt sich aus der Systematik des Gesetzes

Ein anderes Beispiel ist das Geocaching. Das Ablegen von „Schätzen“ ist auch dort nicht erlaubt, wo es nicht ausdrücklich verboten ist. Es führt aber nicht immer zu einem Bußgeld (Näheres im dritten Teil des Buches unter „Geo Caching“).

Die besonders geschützten Gebiete

Für eine Wanderung sucht man sich allerdings in der Regel Gebiete aus, die besonders schön und reizvoll sind. Hier ist die Chance groß, dass es sich um ein Naturschutzgebiet oder Ähnliches handelt. Aber wie findet man das heraus? Und welche Regeln gelten dort? Im besten Fall findet man am Waldrand ein Schild. Aber erstens sagt das nicht viel mehr aus, als dass es sich um ein NSG handelt, und zweitens weiß man damit immer noch nicht, was man tun darf und lassen sollte. Das gehört also zur Vorbereitung der Tour. Nur wie? Hier reicht der Blick in die Gesetze nicht aus. Es muss etwas tiefer recherchiert werden.

BADEN-WÜRTTEMBERG

Maßgebliche Gesetze:

- NaturschutzG BW
- LandeswaldG BW
- JagdG BW
- Nationalpark Schwarzwald - Gesetz zur Errichtung des Nationalparks Schwarzwald

(Nationalparkgesetz - NLPG) vom 3. Dezember 2013

Die Rechtslage im „einfachen" Wald und in der „einfachen" Natur

Betretungsrecht nach §§ 43 - 45 NatSchG und §§ 37 – 41 LWaldG

Es ist ja nicht jeder Wald, nicht jede freie Fläche gleich ein Naturschutzgebiet. In diesen „einfachen" Gebieten gilt nichts als das Gesetz. Die Betretungsrechte sind geregelt in den

§§ 43 – 45 NatSchG für die freie Landschaft und in den

§§ 37 – 41 LWaldG für den Wald.

Die wichtigsten Regelungen für die freie Landschaft sind:

- Verboten ist das Fahren mit motorisierten Fahrzeugen, das Abstellen von motorisierten Fahrzeugen und Anhängern
- Verboten ist das Zelten und Feuermachen
- Fahrräder mit und ohne Motor und Krankenfahrstühle müssen auf den Wegen bleiben
- landwirtschaftlich genutzte Flächen dürfen während der Nutzzeit nur auf Wegen betreten werden
- Abfälle und abgelegte Gegenstände müssen mitgenommen werden.

Die wichtigsten Regelungen für den Wald sind:

- verboten sind das Fahren und Abstellen von Kfz und Anhängern
- verboten ist das Zelten und Aufstellen von Bienenstöcken
- verboten ist das Betreten von Flächen und Wegen, die gesperrt sind, auf denen eingeschlagen wird, das Betreten von Forstkulturen sowie von forstlichen und jagdlichen Einrichtungen
- verboten ist das Feuermachen im Wald sowie in einem Abstand von weniger als 100 m zum Waldrand

- erlaubt ist hingegen das Aneignen von Waldfrüchten, Streu und Leseholz im ortsüblichen Umfang
- erlaubt ist auch das Blumenpflücken bis zur Größe eines Handstraußes
- erlaubt ist im gleichen Umfang auch das Entnehmen von Zweigen von Bäumen und Sträuchern
- Wildtiere dürfen an ihren Einständen bzw Nestern nicht gestört werden (§ 51 JagdG)

Wohlgemerkt: All dies gilt nur für den „einfachen", also nicht unter besonderen Schutz gestellten Teil der Landschaft und des Waldes.

Die Rechtslage in den besonders geschützten Gebieten

Für eine Wanderung sucht man sich allerdings in der Regel Gebiete aus, die besonders schön und reizvoll sind. Hier ist die Chance groß, dass es sich um ein Naturschutzgebiet oder ähnliches handelt. Aber wie findet man das heraus? Und welche Regeln gelten dort? Im besten Fall findet man am Waldrand ein Hinweisschild. Aber erstens sagt das nicht viel mehr aus, als dass es sich um ein NSG handelt, und zweitens weiß man damit immer nicht, was man tun darf und lassen sollte. Das gehört also zur Vorbereitung der Tour. Nur: Wie?

In den §§ 22 ff NatSchG greift das Land seine Verpflichtung auf, Teile der Landschaft unter Schutz zu stellen, und regelt die rechtstechnischen Feinheiten. Das soll hier nicht interessieren, bis auf interessante Regelung:

„§ 27 II

Die zuständige Naturschutzbehörde trägt die geschützten Teile von Natur und Landschaft ...in Verzeichnisse ein, die bei der Landesanstalt für Umwelt Baden-Württemberg zusammengeführt werden. Diese veröffentlicht in elektronischer Form das aktuelle Gesamtverzeichnis mit Karten ....Die Verzeichnisse werden auch bei den unteren Naturschutzbehörden zur Einsicht bereit gehalten."

Das ist eine wichtige, im Grunde sogar unverzichtbare Information für die Tourenplanung. Will ich – beispielsweise – eine Wanderung im Altenbachtal durchführen, dann kann ich mich nach alter Väter Sitte an die untere Naturschutzbehörde wenden, die für das Altenbachtal zuständig ist. Wer ist die untere Naturschutzbehörde?

Gemäß § 57 I Nr. 3 NatSchG sind das die unteren Verwaltungsbehörden, also das Landratsamt, vgl §

15 I Nr. 1 LandesverwaltungsG – für das Altenbachtal also das Landratsamt im Rhein-Neckar-Kreis.

Wer auf das Internet zugreifen kann und will, der kann auch über eine Suchmaschine zur Internetseite der Landesanstalt für Umwelt surfen

https://www.lubw.baden-wuerttemberg.de/natur-und-landschaft/schutzgebietsverzeichnis

und dort über die Begriffe – Schutzgebietsverzeichnis – Schutzgebietsauswahl – Steckbriefe – Steckbriefauswahl bis zum Altenbachtal vordringen. Wenn man das dann aufruft, muss man nur noch einen letzten Schritt wagen und die VO als pdf öffnen: Die „Verordnung über das NSG und LSG Altenbachtal und Galgenberg", erlassen vom Regierungspräsidium Karlsruhe. Das sind die ganz speziellen „Spielregeln" für das Altenbachtal. Hier steht alles, was man wissen muss.

Konkret: Wenn man diese Verordnung aufruft, dann findet man ua diese Vorschrift:

§ 4 Verbote

...

(2) Zum Schutz von Tieren und Pflanzen ist es verboten:

1. Pflanzen oder Pflanzenteile einzubringen, zu entnehmen, zu beschädigen oder zu zerstören;

2. Standorte besonders geschützter Pflanzen durch Aufsuchen, Fotografieren,

Filmen oder ähnliche Handlungen zu beeinträchtigen oder zu zerstören;

3. Tiere einzubringen, wildlebenden Tieren nachzustellen, sie mutwillig zu beunruhigen, sie zu fangen, zu verletzen oder zu töten oder Puppen, Larven, Eier oder Nester oder sonstige Brut-, Wohn- oder Zufluchtsstätten dieser Tiere zu entfernen, zu beschädigen oder zu zerstören;

4. wildlebende Tiere an ihren Nist-, Brut-, Wohn- oder Zufluchtstätten durch Aufsuchen, Fotografieren, Filmen oder ähnliche Handlungen zu stören;

5. Hunde frei laufen zu lassen.

.....

(5) Insbesondere bei Erholung, Freizeit und Sport ist es verboten:

1. die Wege zu verlassen;

2. die Wege zu befahren - zulässig sind Fahrräder auf Wegen über zwei Meter Breite und Krankenfahrstühle;

3. außerhalb der besonders ausgewiesenen Wege zu reiten;

4. zu zelten, zu lagern, Wohnwagen oder Verkaufsstände aufzustellen oder Kraftfahrzeuge abzustellen;

...

(6) Weiter ist es verboten:

1. Abfälle oder sonstige Gegenstände zu hinterlassen oder zu lagern;

2. außerhalb amtlich gekennzeichneter Feuerstellen Feuer zu machen oder zu unterhalten;

..

Damit hat man eine konkrete „Segelanweisung", mit der man etwas anfangen kann. Ein Vergleich mit den allgemeinen Regeln des NatSchG und des LWaldG zeigt, dass hier die Regeln etwas strenger sind. Um nur ein Beispiel zu nennen: Im Altenbachtal darf man nicht „lagern"[5]. Wäre das Tal nicht unter besonderen Schutz gestellt, dann dürfte man das.

[5] zur Definition des „Lagerns" kommen wir im dritten Teil des Buches

Nationalpark Schwarzwald

Das Gesetz, mit dem der Nationalpark errichtet wurde, findet sich hier:

https://www.landesrecht-bw.de/jportal/?quelle=jlink&docid=jlr-SchwWNatPGBWpIVZ&psml=bsbawue-prod.psml&max=true

Die relevanten Ge- und Verbote sind in den §§ 8, 9 enthalten.

Ein Wort zum Behördendschungel: Ob Bundestag oder Landtag, ob Regierungspräsident oder Landtag, all das soll uns nicht bekümmern. Man mag getrost davon ausgehen, dass die jeweiligen Regeln von den richtigen Stellen erlassen wurden.

BAYERN

Maßgebliche Gesetze:

- BayNatSchG
- BaywaldG
- BayJagdG
- Nationalpark Bayerischer Wald – Nationalpark-Verordnung Bayerischer Wald – BayWaldNatPV
- Nationalpark Berchtesgaden – Verordnung über den Alpen- und den Nationalpark Berchtesgaden -

Die Rechtslage im „einfachen“ Wald und in der „einfachen“ Natur

Betretungsrecht nach Art 26 ff BayNatSchG und Art 13 BayWaldG

Es ist ja nicht jeder Wald, nicht jede freie Fläche gleich ein Naturschutzgebiet. In diesen „einfachen“ Gebieten gilt nichts als das Gesetz. Die Betretungsrechte sind geregelt in den

Art 26 ff BayNatSchG für die freie Landschaft und in

Art. 13 BayWaldG.

Die wichtigsten Regelungen für die freie Landschaft sind:

- Jedermann darf alle Teile der freien Natur unentgeltlich betreten
- Ausnahme: Wenn der Grundstückseigentümer deutlich sichtbare Sperren – zB Zäune – oder andere tatsächliche Hindernisse aufgestellt hat (wichtig: Das ist nicht in das Belieben der Grundstückseigentümer gestellt, sondern unterliegt weiteren Regeln, deren Einhaltung von den Behörden kontrolliert wird, vgl Art 33 BayNatSchG)
- Ausnahme: Wenn der Grundstückseigentümer Schilder aufgestellt hat – aber nur dann, wenn die Schilder auf einen gesetzlichen Grund hinweisen, der die Sperrung rechtfertigt
- Jedermann darf auf Privatwegen wandern, reiten, ohne Motorkraft fahren und mit Krankenfahrstühlen fahren
- Erlaubt sind auch Ski fahren, Schlitten fahren, Reiten, Ballspielen und ähnliche sportliche Betätigungen
- das Reiten kann durch die Naturschutzbehörden reglementiert und eingeschränkt werden

- landwirtschaftlich genutzte Flächen dürfen während der Nutzzeit nur auf Wegen betreten werden
- Sauberhaltung: Bewegliche Sachen dürfen außerhalb der dafür vorgesehenen Einrichtungen nicht zurückgelassen werden

Die wichtigsten Regeln für den Wald sind:

- das Betreten des Waldes „..zum Zweck des Genusses der Naturschönheiten und zur Erholung ist jedermann unentgeltlich gestattet“ (Art 13 I 1 BayWaldG)
- Reiten, Radfahren und das Fahren mit Krankenfahrstühlen ist nur auf Wegen erlaubt (vgl Art 30 II BayNatSchG, ebenso Art 13 III BayWaldG)
- verboten ist – im Wald und in einer Entfernung von bis zu 100 m vom Waldrand – ohne ausdrückliche behördliche Erlaubnis das Errichten oder Betreiben einer Feuerstätte, das Anzünden oder Betreiben eines Feuers, das Errichten oder Betreiben eines Meilers sowie das Abbrennen von Bodendecken und Pflanzen
- verboten ist – im Wald und in einer Entfernung von bis zu 100 m vom Waldrand – offenes Licht, das Wegwerfen oder unvorsichtige Handhaben von brennenden oder

glimmenden Sachen sowie die ungenügende Beaufsichtigung eines genehmigten Feuers

- verboten ist das Rauchen, indes nur in der Zeit vom 01. März bis zum 31. Oktober (Ordnungswidrigkeit)
- verboten ist das Aufstellen von Zelten und Wohnwagen (Ordnungswidrigkeit, vgl Art 46 IV Nr 3 BayWaldG)

Für die „besonderen", also die besonders geschützten Gebiete, muss man sich wieder auf die Suche machen. Hier hilft Art 17 II BayNatSchG. Darin ist geregelt, dass beim Landesamt für Umwelt Verzeichnisse geführt werden, in denen die Naturschutzgebiete, Nationalparke, Biosphärengebiete usw geführt werden. Auf der Homepage des Landesamtes www.lfu.bayern.de muss man sich durchklicken bis zu dieser Seite:

https://www.lfu.bayern.de/natur/schutzgebiete/schutzgebietslisten/index.htm

zB die „Grüne Liste der Naturschutzgebiete in Bayern" – eine pdf mit 25 Seiten

Wenn man nun – zB – im Naturschutzgebiet Ellenbach bei Ansbach, 27,72 ha groß, NSG 00588.01, wandern will, möchte man ja gerne wissen, wo das ist – dazu dient die Karte – und was dort erlaubt bzw verboten ist. Da hilft die grüne Liste nicht weiter.

Dazu sagt das LFU: *„Rechtsverbindlich sind ausschließlich der Verordnungstext und die Verordnungskarte. Sie können bei der jeweils zuständigen Naturschutzbehörde eingesehen werden.“* Das hilft nur dem weiter, der weiß, welche Behörde denn nun jeweils zuständig ist für die Ausweisung eines Naturschutzgebiets, eines Landschaftsschutzgebiets, eines Nationalparks, und so weiter.

Die Antwort auf diese Frage findet sich in der Zuständigkeitsvorschrift des Art 51 BayNatSchG. Vorliegend geht es um das Naturschutzgebiet Ellenbach. Für Naturschutzgebiete ordnet Art 51 I Nr. 2 BayNatSchG an, dass die höheren Naturschutzbehörden zuständig sind. Welche Behörden oberste und höhere und untere Naturschutzbehörden sind, das wiederum ist in Art 43 BayNatSchG geregelt. Der Art 43 II Nr. 2 BayNatSchG gibt die Information, dass die „Regierungen“ in Bayern die höheren Naturschutzbehörden sind. Hieraus folgt: Die Bezirksregierung Mittelfranken ist (allein) zuständig für die Erklärung eines Gebietes zum Naturschutzgebiet iSd § 23 BNaturSchG. Sie muss man also fragen, wann sie die entsprechende Verordnung erlassen hat, mit welchem Inhalt.

Man kann es sich auch einfacher machen und in einer Suchmaschine die Begriffe „naturschutzgebiet ellenbach ansbach“ eingeben. Dann wird nämlich eine pdf vorgeschlagen, die eine Rechtsverordnung enthält:

„Verordnung über das Naturschutzgebiet "Ellenbach" Landkreis Ansbach vom 2. Juli 2001“, erlassen von der Regierung von Mittelfranken. Man lasse sich nicht davon irritieren, dass die Verordnung sich auf andere §§ des BayNatSchG bezieht; das hat seinen Grund allein darin, dass solche Gesetze häufiger mal geändert werden, einschließlich der Nummerierung. Das kann man getrost ignorieren.

Wichtig, ist, dass diese Verordnung nun alle Ge- und Verbote enthält, die man als Wanderer kennen sollte. Hier etwa untersagt die Verordnung (auszugsweise):

„....

8. Pflanzen oder Pflanzenbestandteile zu entnehmen oder zu beschädigen oder deren Wurzeln, Knollen oder Zwiebeln auszureißen, auszugraben oder mitzunehmen,

..

14. freilebenden Tieren nachzustellen, sie zu fangen, zu verletzen, zu töten, oder ihre

Entwicklungsformen, Brut- oder Wohnstätten oder Gelege fortzunehmen oder zu

beschädigen,

...

17. Feuer zu machen oder zu grillen,

...

21. das Gelände zu betreten, mit Ausnahme der öffentlichen ...

22. zu zelten oder zu lagern,

23. Hunde, ausgenommen Jagdhunde beim Einsatz nach § 5 Abs. 3 der Verordnung, frei laufen zu lassen,

...

Nationalpark Bayerischer Wald

Die Nationalparkverordnung vom 12.09.1997 ist unter diesem Link abrufbar:

https://www.gesetze-bayern.de/Content/Document/BayNatWaldV/true

Die relevanten Ge- und Verbote finden sich in den §§ 9, 10 sowie § 11 I Nr 6 (Krankenfahrstühle).

Nationalpark Berchtesgaden

Auch hier gibt es eine Nationalparkverordnung, die im Internet abrufbar ist:

https://www.gesetze-bayern.de/Content/Document/BayNatBGLV/true

Die relevanten Ge- und Verbote finden sich ebenfalls in den §§ 9, 10 sowie § 11 I Nr. 8 (Krankenfahrstühle).

BERLIN

Maßgebliche Gesetze:

- Berliner Naturschutzgesetz – NatSchG Bln
- Gesetz zur Erhaltung und Pflege des Waldes - LWaldG

Die Rechtslage im „einfachen" Wald und in der „einfachen" Natur

Betretungsrecht nach §§ 41, 42 NatSchG Bln und §§ 14 ff LWaldG

Es ist ja nicht jeder Wald, nicht jede freie Fläche gleich ein Naturschutzgebiet. In diesen „einfachen" Gebieten gilt nichts als das Gesetz. Die Betretungsrechte sind geregelt in den

§§ 41, 42 NatSchG Bln für die freie Landschaft und in den

§§ 14 ff LWaldG für den Wald.

Die wichtigsten Regelungen für die freie Landschaft sind:

- es gilt ein Betretungsrecht

- auf Straßen und Wegen darf gefahren werden mit Rädern und Krankenfahrstühlen, aber Fußgänger haben Vorrang
- Reiten ist nur erlaubt auf dafür bestimmten Flächen und Wegen, ansonsten nur mit besonderer Gestattung des Eigentümers
- der Grundstückseigentümer darf Flächen sperren aus wichtigem Grund, muss dies aber der Behörde anzeigen; fehlt es an einem wichtigen Grund, dann kann die Behörde die Beseitigung anordnen und ein Bußgeld verhängen, § 56 I Ziffer 18 NatSchG Bln.

Die wichtigsten Regelungen für den Wald sind:

- Radfahrer dürfen alle Waldwege benutzen, ausgenommen sind die Uferpromenaden
- Fußgänger haben Vorrang
- mit Krankenfahrstühlen, mit oder ohne Motor, dürfen alle Waldwege benutzt werden
- Reiter dürfen nur ausgewiesene Waldwege benutzen
- mit Motorkraft betriebene Fahrzeuge sind verboten
- verboten ist auch das Abstellen von Fahrzeugen und Anhängern

- verboten ist das Feuermachen im Wald sowie in einem Abstand von weniger als 100 m zum Waldrand
- verboten ist das Rauchen im Wald – ganzjährig
- verboten ist das Wegwerfen von brennenden oder glimmenden Gegenständen im Wald sowie in einem Abstand von weniger als 100 m zum Waldrand
- verboten ist es, einen Hund oder ein anderes Haustier frei umherlaufen zu lassen
- verboten ist es, ein Zelt oder eine ähnliche Lagerstätte zu errichten, § 23 I Ziffer 4 LWaldG, Ordnungswidrigkeit, also bußgeldbewehrt.

Wohlgemerkt: All dies gilt nur für den „einfachen", also nicht unter besonderen Schutz gestellten Teil der Landschaft und des Waldes.

Die Rechtslage in den besonders geschützten Gebieten

Für eine Wanderung sucht man sich allerdings in der Regel Gebiete aus, die besonders schön und reizvoll sind. Hier ist die Chance groß, dass es sich um ein Naturschutzgebiet oder ähnliches handelt. Aber wie findet man das heraus? Und welche Regeln gelten dort? Im besten Fall findet man am

Waldrand ein Hinweisschild. Aber erstens sagt das nicht viel mehr aus, als dass es sich um ein NSG handelt, und zweitens weiß man damit immer nicht, was man tun darf und lassen sollte. Das gehört also zur Vorbereitung der Tour. Nur: Wie?

Nun, auch Berlin ist nach dem Bundesnaturschutzgesetz (§§20, 22) verpflichtet, die europäischen Richtlinien umzusetzen und Schutzgebiete auszuweisen. Das ist auch geschehen. Die Veröffentlichung dieser Gebiete ist landesrechtlich nur im Amtsblatt vorgesehen (§ 33 II NatSchG Bln). Dennoch hilft auch hier das Internet weiter. Gibt man in der Suchmaschine die Begriffe „Berlin Schutzgebiete" ein, dann findet man eine homepage der zuständigen Senatsverwaltung:

https://www.berlin.de/sen/uvk/natur-und-gruen/naturschutz/schutzgebiete/

Hier wird unterteilt nach den verschiedenen Schutzformen, also etwa Naturschutzgebiet, Landschaftsschutzgebiet, Naturdenkmal und so weiter. Will man – zB – im Idehorst wandern, dann muss man sich ein wenig durchklicken und findet dann heraus, dass es sich hier um ein Naturschutzgebiet handelt. Der Unterpunkt „Naturschutzgebiete" listet dann unter „Sachdaten" die einzelnen NSG auf, so auch das winzig kleine NSG Idehorst (nur fünf Hektar). Da findet man dann die Verordnung des

Senats vom 01.03.1995, die alle notwendigen Informationen enthält, nämlich

- wo das Gebiet liegt (in Pankow – Blankenfelde, § 2) und

- was verboten ist (§ 5). Hier genügt ein Blick in § 5 II Ziffer 5.: Es ist verboten, „*...in dem Gebiet zu fahren, zu reiten oder es zu betreten,...*". Das war's dann wohl. Da fährt man dann vielleicht besser in das NSG Hundekehlefenn, denn das darf man auf den ausgewiesenen Wegen betreten, wie sich aus § 6 IV Satz 2 der GrunewaldschutzVO vom 20.12.2017 ergibt.

Eine Berliner Besonderheit ist noch zu erwähnen, nämlich die so genannten „Naturerfahrungsräume". Gemäß § 40 NatSchG Bln sind das „*...naturbestimmte Flächen weitgehend ohne Infrastruktur, die dazu dienen, insbesondere Kindern und Jugendlichen ein selbstbestimmtes Naturerleben zu ermöglichen*". Besondere Einschränkungen sind nach dem Naturschutzrecht hier indes nicht möglich, das Bundesrecht kennt keine Naturerfahrungsräume.

BRANDENBURG

Maßgebliche Gesetze:

- Brandenburgisches Naturschutzgesetz - BbgNatSchG
- Waldgesetz des Landes Brandenburg - LWaldG
- Nationalparkgesetz Unteres Odertal – Gesetz über den Nationalpark Unteres Odertal (Nationalparkgesetz Unteres Odertal – NatPUOG)

Die Rechtslage im „einfachen“ Wald und in der „einfachen“ Natur

Betretungsrecht nach § 44 BbgNatSchG und § 15LWaldG

Es ist ja nicht jeder Wald, nicht jede freie Fläche gleich ein Naturschutzgebiet. In diesen „einfachen“ Gebieten gilt nichts als das Gesetz. Die Betretungsrechte sind geregelt in den

§§ 44 ff BbgNatSchG für die freie Landschaft und in den

§§ 15 ff LWaldG für den Wald.

Die wichtigsten Regelungen für die freie Landschaft sind:

- das Betretungsrecht gilt nur außerhalb der Nutzzeit – die Nutzzeit ist die Zeit zwischen Saat und Ernte, bei Grünland die Zeit des Aufwuchses
- verboten ist das Fahren mit motorisierten Fahrzeugen
- Fahrräder mit und ohne Motor müssen auf den Wegen bleiben
- Zelte und sonstige bewegliche Unterkünfte (Wohnwagen) dürfen nur auf Zelt- oder Campingplätzen aufgestellt und benutzt werden
- Fuß-, Rad-, Reit- und Wasserwanderer dürfen auch außerhalb von Zelt- und Campingplätzen für eine Nacht Zelte aufstellen
- Blumen, Gräser, Pilze, Wildkräuter dürfen für den persönlichen Gebrauch entnommen werden
- verboten ist das mutwillige Beunruhigen von wildlebenden Tieren ohne vernünftigen Grund

Brandenburg hat – an sich – von allen das liberalste Recht. Denn das Zelten für eine Nacht wird ausdrücklich erlaubt. Rechtstechnisch mag man die Stirn runzeln, wenn man die sonstigen Regelungen liest. Denn: Nimmt man das Gesetz wörtlich, dann darf man nur im Spätherbst und Winter raus in die

Natur. So ist das wohl nicht gemeint, aber Brandenburg hat auf eine Regelung verzichtet, die man in den anderen Bundesländern sonst findet. Dort, etwa in Baden-Württemberg, gilt für die Nutzzeit die Einschränkung, dass man auf den Wegen bleiben muss. Das wäre sinnvoll, fehlt aber in Brandenburg. Stattdessen wird das Betretungsrecht für die Nutzzeit vollständig ausgeschlossen.

Die wichtigsten Regelungen für den Wald sind:

- verboten ist das Betreten gesperrter Flächen und Wege
- verboten ist das Betreten von Flächen und Wegen, auf denen Holzarbeiten stattfinden
- Fahrräder und Krankenfahrstühle müssen auf den Wegen bleiben
- verboten ist das Reiten auf Sport- und Lehrpfaden und auf (nur) einspurigen Wegen
- Handsträuße, Waldfrüchte, Pilze und wilde Pflanzen dürfen in geringer Menge für den Eigengebrauch mitgenommen werden
- Hunde müssen angeleint werden
- das Fahren mit und das Abstellen von Kraftfahrzeugen ist verboten
- Feuer und glimmende Gegenstände sind im Wald und in einem Abstand von bis zu 50 Meter vom Waldrand verboten

- Verschmutzungen durch „*...Abfälle wie gebrauchte Verpackungen, Sperrmüll, Bauschutt, Altautos und Klärschlamm oder Abwasser oder andere nicht zum Wald gehörende Gegenstände oder Stoffe...*“ sind verboten und müssen beseitigt werden, § 24 I LWaldG

Wohlgemerkt: All dies gilt nur für den „einfachen“, also nicht unter besonderen Schutz gestellten Teil der Landschaft und Waldes.

Die Rechtslage in den besonders geschützten Gebieten

Für eine Wanderung sucht man sich allerdings in der Regel Gebiete aus, die besonders schön und reizvoll sind. Hier ist die Chance groß, dass es sich um ein Naturschutzgebiet oder ähnliches handelt. Aber wie findet man das heraus? Und welche Regeln gelten dort? Im besten Fall findet man am Waldrand ein Hinweisschild. Aber erstens sagt das nicht viel mehr aus, als dass es sich um ein NSG handelt, und zweitens weiß man damit immer nicht, was man tun darf und lassen sollte. Das gehört also zur Vorbereitung der Tour. Nur: Wie?

Das Land Brandenburg hat die Schutzausweisungen in den §§ 19 ff BbgNatSchG auf die klassische Weise geregelt. Die Errichtung eines Nationalparks muss durch ein Landesgesetz erfolgen, also vom Landtag beschlossen werden. Alle anderen Schutzgebiete können durch die Behörden selbst im Wege der Rechtsverordnung errichtet werden. In § 30 II BbGNatSchG ist vorgeschrieben, dass die Naturschutzbehörden Verzeichnisse führen müssen, die von jedermann eingesehen werden können.

Die Suchmaschine verweist, wenn man sie füttert mit „Brandenburg Schutzgebiete Verzeichnis" auf die Seite

https://lfu.brandenburg.de/lfu/de/aufgaben/natur/schutzgebiete/liste-der-naturschutzgebiete/

Dort kann man sich weiterklicken in eine alphabetische Auflistung der Naturschutzgebiete. Wichtig ist hier natürlich die Verordnung, mit der das NSG eingerichtet wurde, damit man nachlesen kann, was erlaubt und was verboten ist. Für die meisten Schutzgebiete ist die Verordnung online verfügbar (blau unterlegt); dort, wo das fehlt, muss man sich an die zuständige Naturschutzbehörde wenden und das Einsichtsrecht nach § 30 II BbgNatSchG geltend machen. Das ist insbesondere dann wichtig, wenn es „nur" um Landschaftsschutzgebiete oder ähnliches geht. Denn das Landesamt hält online nur eine Liste der Naturschutzgebiete bereit.

Welche Behörde ist zuständig? Nun, das ergibt sich aus den §§ 21 ff BgbNatSchG: Naturschutzgebiete dürfen nur durch den Minister ausgewiesen werden, für Biosphärenreservate und Naturparks sind die obersten Naturschutzbehörden zuständig, also das Ministerium und das Landesamt für Umwelt, Gesundheit und Verbraucherschutz, § 52 BbgNatSchG. Im Übrigen sind unteren Naturschutzbehörden zuständig, also die Landkreise bzw kreisfreien Städte, § 54 II BbgNatSchG.

Beispiel: Will man etwa im NSG „Bärenbusch“ wandern, dann findet man auf der o.g. Internetseite die Verordnung über das Naturschutzgebiet „Bärenbusch“ vom 31. August 2001. Dort kann man nachlesen, wo das NSG liegt und was alles verboten ist. Der § 4 II listet 23 Punkte auf, hier ein kleiner Auszug:

„…

9. das Gebiet außerhalb der Wege zu betreten

….

12. zu baden oder zu tauchen

13. außerhalb der Jäglitz Wasserfahrzeuge aller Art einschließlich Luftmatratzen zu benutzen

14. Modellsport oder ferngesteuerte Modelle zu betreiben ….

15. Hunde frei laufen zu lassen

….“

Nationalpark Unteres Odertal

Das dazu erforderliche Gesetz ist im Internet wie folgt aufrufbar:

https://bravors.brandenburg.de/gesetze/nat-puog_2016

Die relevanten Ge- und Verbote finden sich in den §§ 8 und 10.

BREMEN

Maßgebliche Gesetze:

- Bremisches Gesetz über Naturschutz und Landschaftspflege (BremNatG)
- Bremisches Waldgesetz (BremWaldG)
- FeldordnungsG

Die Rechtslage im „einfachen" Wald und in der „einfachen" Natur

Betretungsrecht nach § 28 BremNatG und § 13 Brem-WaldG

Es ist ja nicht jeder Wald, nicht jede freie Fläche gleich ein Naturschutzgebiet. In diesen „einfachen" Gebieten gilt nichts als das Gesetz. Die Betretungsrechte sind geregelt in den

§ 28 BremNatG sowie – ergänzend und von erheblicher Bedeutung in den §§ 4 – 7 FeldordnungsG - für die freie Landschaft und in

§ 13 BremWaldG für den Wald.

Bremen ist ein kleines Bundesland. Deshalb ist die Senatorin für Umwelt sowohl oberste Naturschutzbehörde als auch untere Naturschutzbehörde (§ 1 I BremNatG) und übt die Fachaufsicht über sich selbst aus (§ 1 III 1 BremNatG) Das ist schon sehr speziell. Eine weitere bremische Besonderheit ist das FeldordnungsG, das in seiner ersten Fassung aus dem Jahr 1965 stammt, ein wenig aus der Zeit gefallen scheint, aber dennoch wichtige Einschränkungen für den Wanderer bereithält.

Die wichtigsten Regelungen für die freie Landschaft sind:

Das bundesrechtliche Betretungsrecht (§ 59 BNatSchG) wird in Bremen schlicht vorausgesetzt; das ist ein ungewöhnlicher, aber gesetzestechnisch durchaus gangbarer Weg. Denn es bedeutet schlicht, dass die freie Landschaft in Bremen grds nach Maßgabe des § 39 BNatSchG betreten werden darf: „Das Betreten der freien Landschaft auf Straßen und Wegen sowie auf ungenutzten Grundflächen zum Zweck der Erholung ist allen gestattet (allgemeiner Grundsatz)“. Der § 28 BremNatG regelt lediglich, dass die Grundeigentümer Sperrungen nur mit Genehmigung der Behörden errichten dürfen. In § 29 BremNatG schließlich wird noch das Benutzungsrecht für öffentliche Grünanlagen normiert. Die eigentlichen Einschränkungen finden sich im FeldordnungsG, und zwar gleich bußgeldbewehrt. Wer

- „über einen Acker, dessen Bestellung begonnen hat, oder über einen bestellten Garten oder Acker oder vor beendeter Ernte über eine Wiese geht“, § 4 Nr. 2 FeldordnungsG
- auf einem Feld reitet, § 4 Nr. 3 FeldordnungsG,
- auf einem Feld Zelte aufschlägt, § 4 Nr. 4 Feldordnungs G,
- „auf ein Feld Sand, Steine, Schutt, Erde oder Unrat wirft oder bringt“ § 6 Nr, 1 FeldordnungsG, so genannter "Feldunfug"
- in der Brut- und Setzzeit (15. März bis 15. Juli) Hunde frei laufen lässt, § 7 Nr 2 FeldordnungsG, ausgenommen in Hundeauslaufgebieten,

der begeht eine Ordnungswidrigkeit und muss mit einem Bußgeld rechnen.

Insbesondere § 4 Nr. 2 FeldordnungsG dürfte von einiger Bedeutung sein. Denn bis in den Herbst hinein, bis zur letzten Heuernte, dürfte damit jede Wiese für den Wanderer tabu sein. Erwähnt seien noch die so benannten „Feldhüter“, die in Bremen von den Grundstückseigentümern angestellt werden können, nach einer Bestätigung durch den Innensenator aber die Rechte von Polizeibeamten haben, § 8 II FeldordnungsG. Eine solche Aufwertung erfahren private Sicherheitsdienste in anderen Bundesländern nicht.

Die wichtigsten Regelungen für den Wald sind (§ 13):

- Jeder darf den Wald zum Zwecke der Erholung betreten
- Straßen und Wege dürfen mit Fahrrädern ohne Motorkraft und Krankenfahrstühlen mit Elektromotor befahren werden
- Reiten ist gestattet auf Straßen und Wegen, nicht aber auf gekennzeichneten Wanderwegen, Fußwegen, Sport- und Lehrpfaden
- in der Zeit vom 01. März bis zum 31. Oktober ist es verboten, Feuer anzuzünden, zu rauchen
- angezündete Feuer sind zu überwachen
- brennende oder glimmende Gegenstände dürfen nicht weggeworfen werden

Wohlgemerkt: All dies gilt nur für den „einfachen“, also nicht unter besonderen Schutz gestellten Teil der Landschaft und Waldes.

Die Rechtslage in den besonders geschützten Gebieten

Für eine Wanderung sucht man sich allerdings in der Regel Gebiete aus, die besonders schön und reizvoll sind. Hier ist die Chance groß, dass es sich um ein Naturschutzgebiet oder ähnliches handelt. Aber wie findet man das heraus? Und welche Regeln gelten dort? Im besten Fall findet man am Waldrand ein Hinweisschild. Aber erstens sagt das nicht viel mehr aus, als dass es sich um ein NSG handelt, und zweitens weiß man damit immer nicht, was man tun darf und lassen sollte. Das gehört also zur Vorbereitung der Tour. Nur: Wie?

In Bremen gibt es ein „Naturschutzbuch“, das ein Verzeichnis aller geschützten Gebiete enthält und kostenlos eingesehen werden kann bei der obersten Naturschutzbehörde (§ 23 I, IV BremNatG), mithin bei der Umweltsenatorin. Im Internet gibt es dieses Verzeichnis auch, und zwar unter dem link

https://umwelt.bremen.de/umwelt/natur/naturschutzgebiete-23904

Hier findet man eine Liste der Naturschutzgebiete sowie die dazugehörigen Rechtsverordnungen. Will man – zB – in der Ochtumniederung bei Brockhuchting den Sonntag verbringen, dann findet man hier eine kurze Beschreibung des Gebiets, seiner

Besonderheiten und die VO des Senats vom 03.12.1998 in ihrer aktuellen Fassung. Dort kann man ua nachlesen, dass es verboten ist,

- das Naturschutzgebiet zu betreten (§ 4 I Nr. 1),
- Hunde frei laufen zu lassen (§ 4 I Nr. 4),
- Abfälle aller Art wegzuwerfen (§ 4 I Nr. 6).

Da kann man also schon mal nicht hin. Und wenn man stattdessen nach Düllhamm fährt? Auch da darf man nicht rein. Das kann man nachlesen in der VO des Senats 12.07.1984 (§ 4 II Nr 1). Es ist schwierig in Bremen.

HAMBURG

Maßgebliche Gesetze:

- Hamburgisches Ausführungsgesetz zum Bundesnaturschutzgesetz (HmbBNatSchAG)
- Landeswaldgesetz (LWaldG)
- Nationalpark Hamburgisches Wattenmeer – Gesetz über den Nationalpark Hamburgisches Wattenmeer

Die Rechtslage im „einfachen" Wald und in der „einfachen" Natur

Betretungsrecht nach § 17 HmbBNatSchAG und § 9 LWaldG

Es ist ja nicht jeder Wald, nicht jede freie Fläche gleich ein Naturschutzgebiet. In diesen „einfachen" Gebieten gilt nichts als das Gesetz. Die Betretungsrechte sind geregelt in den

§§ 17 ff HmbBNatSchAG für die freie Landschaft und in den

§§ 9 ff LWaldG für den Wald.

Hamburg hat es sich in Sachen Naturschutzgesetz „einfach" gemacht und schlicht ein Ausführungsgesetz zum Bundesrecht verfasst. Das ist durchaus konsequent, weil der Bund vergleichsweise enge Vorgaben gemacht hat und die Länder diese in ihren eigenen Naturschutzgesetzen nur noch konkretisieren können, ohne allzuviel eigenen Spielraum zu haben. Deshalb ist das Hamburger Naturschutzgesetz auch ausgesprochen schmallippig ausgefallen.

Die wichtigsten Regelungen für die freie Landschaft sind:

- das Betreten der freien Landschaft ist erlaubt (im Umfang wie in § 59 II BNatSchG)
- dem gleichgestellt ist das Fahren mit Fahrrädern ohne Motorkraft und mit Krankenfahrstühlen
- mitgebrachte Gegenstände dürfen nicht zurückgelassen werden
- Reiten ist nur auf besonders gekennzeichneten Wegen erlaubt

Die wichtigsten Regelungen für den Wald sind:

- Wald darf zum Zwecke der Erholung betreten werden
- das gilt uneingeschränkt auch für Krankenfahrstühle ohne Motorantrieb
- Krankenfahrstühle mit Motorantrieb und Fahrräder ohne Motorantrieb müssen auf den Wegen bleiben
- Reiten ist nur auf allgemein Wegen gestattet und auf besonders gekennzeichneten Wander- und Sportwegen verboten
- in NSG und im Erholungswald darf nur auf besonders ausgewiesenen Wegen geritten werden (der gesamte Staatswald ist Erholungswald, vgl § 8 I)
- das Fahren mit anderen Fahrzeugen ist nur auf besonders ausgewiesen Wegen erlaubt, § 9 I 4 (also auch E-Bikes)
- das Zelten sowie das Abstellen von Fahrzeugen und Anhängern bedarf einer besonderen Erlaubnis des Waldbesitzers
- verboten sind Feuer im Wald und in einem Abstand von bis zu 100 m vom Waldrand
- Rauchen ist nur auf den Wegen gestattet und in der Zeit vom 01. März bis 31. Oktober ganz verboten
- verboten ist das Wegwerfen und der unvorsichtige Umgang mit brennenden oder glimmenden Gegenständen im Wald und in einem

Abstand von bis zu 100 m, gleiches gilt für Glas
- verboten ist die Verunreinigung des Waldes
- verboten ist es, wild lebende Tiere an ihren Zufluchts-, Brut- oder Wohnstätten durch Aufsuchen, Fotografieren, Filmen zu stören
- Hunde müssen an der kurzen Leine geführt werden
- Gemäß § 11 II ist der Senat ermächtigt, eine – zusätzliche – Rechtsverordnung „...zur Wahrung der Ruhe und Ordnung im Wald“ zu erlassen.

Wohlgemerkt: All dies gilt nur für den „einfachen“, also nicht unter besonderen Schutz gestellten Teil der Landschaft und des Waldes.

Die Rechtslage in den besonders geschützten Gebieten

Für eine Wanderung sucht man sich allerdings in der Regel Gebiete aus, die besonders schön und reizvoll sind. Hier ist die Chance groß, dass es sich um ein Naturschutzgebiet oder ähnliches handelt. Aber wie findet man das heraus? Und welche Regeln gelten dort? Im besten Fall findet man am Waldrand ein Hinweisschild. Aber erstens sagt das nicht viel mehr aus, als dass es sich um ein NSG handelt, und zweitens weiß man damit immer nicht, was man tun darf und lassen sollte. Das gehört also zur Vorbereitung der Tour. Nur: Wie?

Hamburg hat sich – im Gegensatz zu fast allen anderen Bundesländern – nicht selbst verpflichtet, ein Verzeichnis der Schutzgebiete öffentlich zur Verfügung zu stellen. Das könnte es etwas mühselig machen, sich darüber zu informieren. Im HmbBNatSchAG ist lediglich geregelt, dass die Schutzgebiete vor Ort ausgeschildert sein sollen (§ 12). De facto kann man sich dennoch leicht informieren, das Internet macht's möglich. Auf der Seite

https://www.hamburg.de/schutzgebiete/

kann man eine pdf-Datei herunterladen, die eine vollständige Liste der Schutzgebiete enthält. In dieser Liste wiederum kann man die jeweilige Verordnung finden, mit der das Schutzgebiet errichtet wurde und die alle Erlaubnisse und Verbote für dieses Schutzgebiet enthält. Will man zum Beispiel im NSG Eppendorfer Moor wandern, dann findet man so die VO vom 30.12.2014, die ua in § 4 insgesamt 21 Verbote enthält, so etwa

Nr. 1: Pflanzen und Pilze oder einzelne Teile von ihnen abzuschneiden, abzupflücken, aus- oder abzureißen, auszugraben, zu entfernen oder sonst zu beschädigen,

Nr. 2. wild lebenden Tieren nachzustellen, ...

...

Nr. 4. das Gebiet außerhalb dafür bestimmter Wege zu betreten,

Nr. 5 das Gebiet mit motorisierten Fahrzeugen aller Art zu befahren ....

....

Nr. 8 Hunde oder Katzen auf andere Weise als an kurzer Leine mitzuführen, ...

...

Nr. 12 zu zelten oder zu lagern,

...

Nr. 14 das Gebiet durch Abfälle, Abwässer oder auf sonstige Weise zu verunreinigen.

Nationalpark Hamburgisches Wattenmeer

Das Gesetz, mit dem die Bürgerschaft diesen Nationalpark errichtet hat, ist abrufbar unter https://www.landesrecht-hamburg.de/bsha/document/jlr-WattMGHArahmen/part/X

Die relevanten Ge- und Verbote finden sich in § 5.

HESSEN

Maßgebliche Gesetze:

- Hessisches Ausführungsgesetz zum Bundesnaturschutzgesetz (HAGBNatSchG)
- Hessisches Waldgesetz (HWaldG)
- Hessisches Jagdgesetz (HJagdG)
- Nationalpark Kellerwald-Edersee – Verordnung über den Nationalpark Kellerwald-Edersee (KellerEderNationPV)

Die Rechtslage im „einfachen" Wald und in der „einfachen" Natur

Betretungsrecht nach § 27 HAGBNatSchG und § 15 HWaldG und § 23 HJagdG

Es ist ja nicht jeder Wald, nicht jede freie Fläche gleich ein Naturschutzgebiet. In diesen „einfachen" Gebieten gilt nichts als das Gesetz. Die Betretungsrechte sind geregelt in den

§ 27 HAGBNatSchG für die freie Landschaft und in den

§ 15HWaldG und § 23 HJagdG für den Wald.

Für Feld und Flur macht Hessen es sich einfach. Denn in § 27 HAGBNatSchG wird für das Reiten auf das Bundesrecht verwiesen (§ 59 BNatSchG) und ansonsten den Städten und Gemeinden freie Hand gelassen: *„Die Städte und Gemeinden können das Verhalten in der Flur durch Satzung regeln; ...“*, § 27 II 1 HAGBNatSchG. Das war's.

Für den Wald gibt es dann doch mehr zu lesen. Die wichtigsten Regelungen sind:

- Jeder darf den Wald zum Zwecke der Erholung betreten
- Radfahren, Reiten und das Fahren mit Krankenfahrstühlen ist auf befestigten oder naturfesten Wegen gestattet
- Fußgänger haben Vorrang – also auch ggü Mountain-Bikern
- verboten ist das Radfahren und Reiten auf Rückegassen
- Feuer und offenes Licht sind im Wald und in einem Abstand von bis zu 100 m vom Waldrand verboten
- brennende oder glimmende Gegenstände dürfen nicht weggeworfen oder unvorsichtig gehandhabt werden
- ohne Zustimmung des Waldbesitzers ist verboten

- das Fahren mit motorisierten Fahrzeugen, für die ein Kennzeichen erforderlich ist (auch Versicherungskennzeichen)
- das Zelten und Abstellen von Wohnwagen und anderen fahrbaren Unterkünften
- das Rauchen im Wald, und zwar ganzjährig

Hessen hat, nach meiner Einschätzung, das rigideste Recht. Denn es gibt – dort, wo man es nicht vermuten würde, nämlich im Landesjagdgesetz – eine empfindliche Einschränkung für alle, die keine Tiere töten möchten. Der § 23 XI HJadgG sagt: *„Das Stören des Wildes durch unberechtigtes Verlassen befestigter Wege im Wald zur Nachtzeit ist verboten."* Obendrein ist das auch noch bußgeldbewehrt (§42 I Nr. 10 lit i) HJagdG). Rechtstechnisch ließen sich hier einige Fragezeichen anbringen, für die Wanderpraxis indes muss man festhalten, dass man in Hessen im nächtlichen Wald nur auf den Wegen sein darf. Das gibt es sonst nur noch in Schleswig-Holstein.

Wohlgemerkt: All dies gilt nur für den „einfachen", also nicht unter besonderen Schutz gestellten Teil der Landschaft und des Waldes.

Die Rechtslage in den besonders geschützten Gebieten

Für eine Wanderung sucht man sich allerdings in der Regel Gebiete aus, die besonders schön und reizvoll sind. Hier ist die Chance groß, dass es sich um ein Naturschutzgebiet oder ähnliches handelt. Aber wie findet man das heraus? Und welche Regeln gelten dort? Im besten Fall findet man am Waldrand ein Hinweisschild. Aber erstens sagt das nicht viel mehr aus, als dass es sich um ein NSG handelt, und zweitens weiß man damit immer nicht, was man tun darf und lassen sollte. Das gehört also zur Vorbereitung der Tour. Nur: Wie?

Im Gegensatz zu den meisten anderen Bundesländern hat Hessen darauf verzichtet, die Behörden zur Auslegung von Verzeichnissen zu verpflichten. Lediglich Abgrenzungskarten müssen von den unteren Naturschutzbehörden bereitgehalten werden, § 12 IV 1 HAGBNatSchG. Das hilft dem Bürger wenig, denn ohne die jeweilige Verordnung weiß er ja nicht, was er in den Schutzgebieten darf und was nicht. Glücklicherweise helfen auch hier die Suchmaschinen. Unter dem link

https://natureg.hessen.de/mapapps/resources/apps/natureg/index.html?lang=de

findet man ebenfalls keine Liste, lediglich eine Karte. Rechts davon muss man anhaken, was man sucht – zB Naturschutzgebiete - und kann sich dann in die Karte hineinzoomen. Jetzt muss man nur noch den curser auf einen roten Flecken legen und sieht dann den Namen des Gebietes nebst einer Verlinkung zu den Dokumenten. Auf diese Weise kann man – zB – das NSG „Schelder Wald“ finden und auch die dazugehörige Verordnung vom 24.02.2022. Darin kann nachlesen, dass man im Schelder Wald ua

- die Laute von wildlebenden Tieren nicht nachahmen darf (§ 3 Nr. 6),
- sie an ihren Brut- oder Lebensstätten nicht fotografieren darf (§ 3 Nr. 6),
- außerhalb der Wege nicht reiten oder radfahren darf (§ 3 Nr. 8) und auch
- kein Geo-Caching betreiben darf (§ 3 Nr. 9).

Nach § 5 der Verordnung sind all diese Verstöße bußgeldbewehrt. Geht man nun unbefangen davon aus, dass der gesamte Wald die „Lebensstätte“ der dort lebenden Vögel ist, dann muss man tatsächlich mit einem Bußgeld rechnen, wenn man dabei erwischt wird, eine Amsel zu fotografieren. Es ist schon rigide in Hessen.

Nationalpark Kellerwald-Edersee

Der Nationalpark wurde durch diese Verordnung errichtet:

https://www.rv.hessenrecht.hessen.de/bshe/document/jlr-KellerEderNationPVHE2020pP1/part/X

Die relevanten Ge- und Verbote findet man in den §§ 9 – 11.

MECKLENBURG-VORPOMMERN

Maßgebliche Gesetze:

- Gesetz des Landes Mecklenburg-Vorpommern zur Ausführung des Bundesnaturschutzgesetzes – Naturschutzausführungsgesetz (NatSchAG M-V)
- Waldgesetz für das Land Mecklenburg-Vorpommern (LWaldG)
- Nationalparkverordnungen vom 12. September 1990:
  - Nationalpark Jasmund – Verordnung über die Festsetzung des Nationalparks Jasmund (NatPJasmundV)
  - Nationalpark Müritz – Verordnung über die Festsetzung des Nationalparkes „Müritz Nationalpark“ (NatPMüritzV)
  - Nationalpark Vorpommersche Boddenlandschaft – Verordnung über die Festsetzung des Nationalparkes Vorpommersche Boddenlandschaft – (NatPVorpBlV)

Die Rechtslage im „einfachen“ Wald und in der „einfachen“ Natur

Betretungsrecht nach §§ 25ff NatSchAG M-Vund §§ 28ff LWaldG

Es ist ja nicht jeder Wald, nicht jede freie Fläche gleich ein Naturschutzgebiet. In diesen „einfachen“ Gebieten gilt nichts als das Gesetz. Die Betretungsrechte sind geregelt in den

§§ 25ff NatSchAG M-V für die freie Landschaft und in den

§§ 28ff LWaldG für den Wald.

Die wichtigsten Regelungen für die freie Landschaft sind:

- Jede Person darf die freie Landschaft betreten, mit dem Fahrrad oder mit dem Rollstuhl befahren
- das Reiten ist auf trittfesten Wegen oder ausgewiesenen Reitwegen erlaubt
- Gegenstände dürfen nicht zurückgelassen werden
- Eigentümer dürfen Wege und Flächen nur mit Genehmigung der Behörden sperren

- Jede Person darf den Ostseestrand und den Strand an Boddengewässern betreten, sich dort aufhalten, Muschelschalen und Steine für den eigenen Bedarf in geringen Mengen sammeln
- das Wandern entlang des Strandes darf nicht gehindert oder abgabepflichtig gemacht werden, § 28 IV 3 NatSchAG M-V
- erlaubt ist das Anlanden und Auflegen von Sportbooten mit bis zu 3,68 kW
- in Küstendünen und auf Strandwällen ist es verboten,
    - Feuer zu machen
    - außerhalb der Wege zu fahren
- Zelte, Wohnmobile und Wohnwagen dürfen nur auf hierfür zugelassenen Plätzen aufgestellt und benutzt werden
- nicht motorisierte Wanderer dürfen in der freien Landschaft für eine Nacht zelten, § 28 II NatSchAG M-V

Die wichtigsten Regelungen für den Wald sind:

- Waldverwüstung und Waldverunreinigung ist verboten, § 18 LWaldG, gemeint ist das Ablagern von Abfällen und „...anderen nicht zum Wald gehörenden Gegenständen oder Stoffen“, ebenso das „Ausbringen von Abwässern“

- der Wald darf nicht gefährdet, beschädigt oder verunreinigt werden, § 28 III LWaldG
- das Fahren mit Kraftfahrzeugen aller Art ist nur auf öffentlichen Straßen und Wegen erlaubt
- das Fahren mit einfachen Fahrrädern und mit E-Bikes bis zu 25 km/h ist nur auf Waldwegen und privaten Straßen im Wald erlaubt, § 28 V LWaldG
- das Reiten ist nur auf besonders gekennzeichneten Wegen und Plätzen erlaubt
- die „individuelle Ausübung von Sportarten" ist in rücksichtsvoller Weise auf Waldwegen gestattet, § 28 VII LWaldG
- das Zelten sowie das Abstellen von Wohnwagen und Wohnmobilen ist im Wald verboten
- Haustiere sind im Wald nicht erlaubt, Ausnahme: angeleinte Hunde
- Beeren, Kräuter, Nüsse und Pilze sowie Blumen für Handsträuße darf jedermann in geringen Mengen für den eigenen Bedarf sammeln
- Holz darf im Staatswald (also nicht im Privatwald) für den eigenen Bedarf gesammelt werden, „...wenn es sich um zu Boden gefallenes, dürres oder angefaultes Holz unter zehn Zentimeter Durchmesser handelt, ..."
- Ordnungswidrig handelt, wer Holzstöße beschädigt, § 51 IV Nr. 6 LWaldG

- Feuer und Rauchen werden im LWaldG nicht erwähnt

Wohlgemerkt: All dies gilt nur für den „einfachen“, also nicht unter besonderen Schutz gestellten Teil der Landschaft und des Waldes.

Die Rechtslage in den besonders geschützten Gebieten

Für eine Wanderung sucht man sich allerdings in der Regel Gebiete aus, die besonders schön und reizvoll sind. Hier ist die Chance groß, dass es sich um ein Naturschutzgebiet oder ähnliches handelt. Aber wie findet man das heraus? Und welche Regeln gelten dort? Im besten Fall findet man am Waldrand ein Hinweisschild. Aber erstens sagt das nicht viel mehr aus, als dass es sich um ein NSG handelt, und zweitens weiß man damit immer nicht, was man tun darf und lassen sollte. Das gehört also zur Vorbereitung der Tour. Nur: Wie?

Verzeichnis der Nationalparks

In Mecklenburg-Vorpommern gibt es drei Nationalparks: Jasmund, Vorpommersche Boddenlandschaft und Müritz-Nationalpark. Alle drei wurden am 12.09.1990 durch einen Beschluss des

Ministerrats der Deutschen Demokratischen Republik errichtet. Die Verordnungen findet man hier:

https://www.lung.mv-regierung.de/insite/cms/umwelt/natur/schutzgebiete_portal/schutzgebiete_mv/schutzgebietsverordnungen_teil1.htm

Gemäß § 14 V NatSchAG M-V „können" Flächen in geschützten Teilen von Natur und Landschaft in ein Verzeichnis eingetragen werden; diese Verzeichnisse werden von den Naturschutzbehörden geführt. Gemäß § 6 NatSchAG M-V sind das im Zweifel die Landkreise und kreisfreien Städte.

Das Internet hilft ein wenig. Ein Verzeichnis der Naturschutzgebiete findet man im Internet unter diesem link:

https://www.lung.mv-regierung.de/insite/cms/umwelt/natur/schutzgebiete_portal/schutzgebiete_mv/schutzgebietsverordnungen_teil2.htm

Hier sieht man, dass einige, aber längst nicht alle Naturschutzgebiete mit den dazu gehörigen Verordnungen online abrufbar sind. Wer also – zB – im

Naturschutzgebiet N 012 unterwegs sein will und hierzu auf dieser Liste

https://www.lung.mv-regierung.de/dateien/liste_nsg.pdf

herausgefunden hat, dass es sich bei dem NSG N 012 um den „Conventer See" handelt, dem bleibt nichts anderes übrig, als bei der Kreisverwaltung des Landkreises Rostock die Karte und die dazugehörige Verordnung einzusehen, um zu erfahren, was dort erlaubt ist und was nicht. Glück hat, wer in den „Heiligen Hallen" unterwegs sein will (NSG 07), denn diese Verordnung steht online zur Verfügung. Die Landesverordnung über das NSG Heilige Hallen vom 16.12.1993 sagt dem Leser, dass er – zB – dort

- nicht lagern oder zelten darf (§ 4 Nr. 9),
- Hunde nicht frei laufen lassen darf (§ 4 Nr. 11),
- keinen Müll ablagern darf (§ 4 Nr. 14)

und noch etliches mehr.

Der Ministerrat der DDR hat am 12. September 1990 drei Nationalparks geschaffen. Dies sind die dazugehörigen Verordnungen:

Nationalpark Jasmund

https://www.gesetze-im-internet.de/natpjas-mundv/DDNR514670990.html

Die relevanten Ge- und Verbote finden sich in den §§ 5 und 6.

Nationalpark Müritz

https://www.gesetze-im-internet.de/natpm_ritzv/DDNR514680990.html

Die relevanten Ge- und Verbote finden sich in den §§ 5 und 6.

Nationalpark Vorpommersche Boddenlandschaft

https://www.gesetze-im-internet.de/natpvor-pblv/DDNR514660990.html

Die relevanten Ge- und Verbote finden sich in den §§ 5 und 6.

NIEDERSACHSEN

Maßgebliche Gesetze:

- Niedersächsisches Naturschutzgesetz (NNatSchG)
- Niedersächsisches Gesetz über den Wald und die Landschaftsordnung (NWaldLG)
- Nationalpark Harz – Gesetz über den Nationalpark „Harz (Niedersachsen)“ - NPGHarzNI
- Nationalpark Niedersächsisches Wattenmeer – Gesetz über den Nationalpark Niedersächsisches Wattenmeer - NWattNPG

Niedersachsen ist besonders. Denn das Waldgesetz ist gar kein reines Waldgesetz, sondern ein Gesetz für Wald und freie Landschaft gleichermaßen.

Die Rechtslage im „einfachen“ Wald und in der „einfachen“ Natur

Das NNatschG enthält nur inzidenter eine Regelung zu einem Betretungsrecht. Nach § 16 II 1 NNatSchG dürfen Naturschutzgebiete nicht außerhalb der Wege betreten werden. Das lässt – immerhin – den Umkehrschluss zu, dass sie auf den

Wegen betreten werden dürfen. Wer dennoch die Wege verlässt, riskiert ein Bußgeld (§ 43 II Nr. 9 NNatSchG).

Niedersachsen hat das Betretungsrecht für den Wald und die freie Landschaft zusammengefasst und in den §§ 23 ff NWaldLG normiert. Wie jeder andere Gesetzgeber auch hat das niedersächsische Parlament eine Abwägung durchgeführt: Es hat die Interessen der besitzlosen, aber Erholung suchenden Bevölkerung abgewogen gegen die Interessen der Grundbesitzer. Letztlich kommt es darauf an, was wem zumutbar ist. Das hat der Gesetzgeber in einem allgemeinen Grundsatz so formuliert, § 23 I NWaldLG:

„Jeder Mensch darf die freie Landschaft (§ 2 Abs. 1) betreten und sich dort erholen. Dieses Recht findet seine Grenze in einer für die Grundbesitzenden unzumutbaren Nutzung, insbesondere durch öffentliche Veranstaltungen oder eine gewerbsmäßige Nutzung.“

Die wichtigsten Regeln sind:

- Jedermann darf die freie Landschaft (= freie Landschaft und Wald) betreten und sich dort erholen

- aber nicht: Äcker von der Bestellung bis zur Ernte
- aber nicht: Wiesen und Weiden während der Aufwuchs- und Weidezeit
- Betreten ist: Begehen, Radfahren ohne Motor, Skilaufen, Schlittenfahren ohne Motor oder Tiere, Fahren mit Krankenfahrstühlen ohne Motor
- Fahrräder – auch ohne Motor – und Krankenfahrstühle mit Motor müssen auf den Wegen bleiben
- Reiter müssen auf Reit- und Fahrwegen bleiben
- Fußgänger haben Vorrang vor Radfahrern und Reitern
- Zelte, Wohnwagen und Wohnmobile sind nur auf genehmigten Campingplätzen erlaubt
- Hunde müssen vom 01. April bis zum 15. Juli angeleint sein (Brut- und Setzzeit); die Behörden können weitere Zeiten festlegen
- Koppel- und Weidetore müssen nach dem Öffnen wieder geschlossen werden
- Pflanzen aller Art dürfen nicht ohne vernünftigen Grund beschädigt werden
- Holzstapel dürfen nicht verändert werden
- Feuer und Rauchen ist in Wald, Moor und Heide verboten in der Zeit vom 01. März bis zum 31. Oktober

- Feuer müssen überwacht werden, brennende oder glimmende Gegenstände dürfen nicht weggeworfen werden
- Grillen ist nur auf angelegten Grillplätzen erlaubt

Es gibt eine weitere Besonderheit in Niedersachsen, nämlich die Ausführungsbestimmungen zum Waldgesetz, formuliert in einem Runderlass des Landwirtschaftsministers vom 05.11.2016, bekanntgemacht im Niedersächsischen Ministerialblatt vom 16.11.2016, Nummer 43, Seite 1094. Darin führt der Minister aus, wie seiner Ansicht nach das Gesetz verstanden werden sollte. Ein Beispiel: *„Wege i.S. des § 25 Abs. 1 sind nicht …Fuß- und Pirschpfade, …Damit ist hier das Fahren mit Fahrrädern ohne Motorkraft ….verboten.“* Schlecht für Mountainbiker. Ein weiteres Beispiel zur Frage, was unzumutbar für andere Waldbesucher ist: *„Hierzu können beispielsweise Downhill abseits tatsächlich öffentlicher Wege, extreme sowie objektbezogene Formen des Geo-Caching sowie insbesondere auch Gotcha-Spiele zählen.“*

Das ist die Ansicht des Ministeriums. Die Naturschutzbehörden sind daran gebunden, nicht aber die Gerichte. Der Richter ist also frei darin, das Gesetz anders zu verstehen.

Die Rechtslage in den besonders geschützten Gebieten

Für eine Wanderung sucht man sich allerdings in der Regel Gebiete aus, die besonders schön und reizvoll sind. Hier ist die Chance groß, dass es sich um ein Naturschutzgebiet oder ähnliches handelt. Aber wie findet man das heraus? Und welche Regeln gelten dort? Im besten Fall findet man am Waldrand ein Hinweisschild. Aber erstens sagt das nicht viel mehr aus, als dass es sich um ein NSG handelt, und zweitens weiß man damit immer nicht, was man tun darf und lassen sollte. Das gehört also zur Vorbereitung der Tour. Nur: Wie?

Gemäß § 14 IV, IX NNatSchG führen die Naturschutzbehörden Verzeichnisse der Schutzgebiete. Die Naturschutzbehörden und die Gemeinden sind verpflichtet, *„...jedermann kostenlos Einsicht zu gewähren“*, § 14 IV 3 NNatSchG. Welche Behörde ist zuständig? Die Behörde, die die jeweilige VO – etwa zur Errichtung eines NSG – erlassen hat. Gemäß §§ 31 I, 32 I NNatSchG sind das im Zweifel die Landkreise und die kreisfreien Städte.

Auch das Internet hilft weiter. Unter dem link

https://www.nlwkn.niedersachsen.de/naturschutzgebiete/die-naturschutzgebiete-niedersachsens-45299.html findet man eine vorbildlich eingerichtete Seite. Es gibt eine Liste der Naturschutzgebiete (alphabetisch), ein Kartenverzeichnis und sogar eine Liste der Naturschutzbehörden. Will man also – zB – im „Roggenmoor" einen Tag verbringen, dann sucht und findet man im Verzeichnis eine Kurzbeschreibung mit Karte, einen Hinweis darauf, dass der Landkreis Ammerland zuständig ist und – mit einem weiteren Klick – den Text der Verordnung vom 16.07.1986. Darin kann man dann in § 4 nachlesen, dass man das NSG nur auf den Wegen betreten und befahren darf und dass es verboten ist,

- die Wasserflächen mit Booten oder anderen Geräten zu befahren,
- zu baden, zu fischen, Hunde frei laufen zu lassen.

Nationalpark Harz

Diesen Nationalpark „teilen sich" Niedersachsen und Sachsen-Anhalt. Auf niedersächsischer Seite gilt das dortige Landesrecht:

https://voris.wolterskluwer-online.de/browse/document/cite/1614eb6d-b764-3400-bee2-c1de985d20ff

Hier findet man die stets aktuelle Fassung; man muss lediglich weiterklicken auf „Gesamte Quelle anzeigen". Dann findet man auch die relevanten Vorschriften, nämlich die §§ 6, 7, in den die relevanten Ge- und Verbote normiert sind.

Nationalpark Niedersächsisches Wattenmeer

Das Wattenmeer „teilt" Niedersachen sich sogar mit zwei anderen Bundesländern, nämlich Hamburg und Schleswig-Holstein. Für das niedersächsische Wattenmeer gilt dieses Gesetz:

https://voris.wolterskluwer-online.de/browse/document/cite/7a011189-1b71-3a21-90fd-5658b8089114

Auch hier muss man 1 x weiterklicken und kann dann nachlesen, was erlaubt und was verboten ist. Das gestaltet sich hier allerdings etwas schwieriger, weil der Nationalpark in drei Zonen unterteilt ist:

- Ruhezone – hier sind die §§ 6 ff relevant
- Zwischenzone – hier sind die §§ 12 ff relevant
- Erholungszone – hier ist § 15 relevant.

Kurz gesagt: In der Ruhezone gelten die strengsten Regeln. In der Erholungszone, das sind u.a. die freigegebenen Strände, darf man Angeln, Baden, Lagern und auch sein „Strandiglu" aufstellen.

NORDRHEIN-WESTFALEN

Maßgebliche Gesetze:

- Landesnaturschutzgesetz (LNatSchG)
- Landesforstgesetz (LFoG)
- Nationalpark Eifel – Verordnung über den Nationalpark Eifel (NP-VO Eifel)

NRW ist anders. Es gibt kein Waldgesetz, sondern ein Forstgesetz, für einen Nationalpark braucht es kein Gesetz und die Naturschutzgebiete werden auch schon mal „Wildnisentwicklungsgebiete" genannt. Dazu später mehr.

In NRW gibt es einen Behördendschungel. Denn die Zuständigkeiten sind aufgesplittert.

Zuständige Behörde für den Wald ist der „Landesbetrieb Wald und Holz", § 55 LFoG. Der Landesbetrieb ist allerdings nicht zuständig für die Ausweisung von Naturschutzgebieten/ Wildnisschutzgebieten.

Die Zuständigkeit für die Ausweisung von Schutzgebieten, insbesondere Naturschutzgebieten, ist aufgeteilt:

- die Kreise und kreisfreien Städte müssen Landschaftspläne aufstellen, § 11 LNaturSchG, und in diesen Landschaftsplänen auch die Schutzgebiete ausweisen;
- die Bezirksregierungen sind nachrangig hierfür zuständig, solange ein Landschaftsplan nicht existiert, § 43 I LNaturSchG;
- die Kreise und kreisfreien Städte wiederum sind – doch – zuständig, wenn das zu schützende Gebiet innerhalb bebauter Ortsteile oder im Geltungsbereich eines Bebauungsplans liegt, § 43 II LNaturSchG, dann tritt die Zuständigkeit der Bezirksregierung zurück;
- die Wildnisentwicklungsgebiete (= NSG) schließlich werden von LANUV und Wald und Forst festgelegt und vom Ministerium im Ministerialblatt verkündet.

Was sind Wildnisentwicklungsgebiete? Die Aufzählung im BNatSchG ist ja schon reichhaltig, damit könnte es gut sein. Dem Landesgesetzgeber hat das nicht gereicht. Er hat die „Wildnisentwicklungsgebiete" erfunden, § 23 I 3 LNatSchG: „*Wildnisentwicklungsgebiete sollen insbesondere den an die Alters- und Zerfallphase gebundenen Pflanzen- und Tierarten einen geeigneten Lebensraum bieten.*"

Problem: Das Land muss sich an die bundesrechtlichen Vorgaben halten und der Bund hat in § 20 II BNatSchG einen verbindlichen Katalog festgeschrieben. Natur und Landschaft können (nur) nach Maßgabe der dort aufgeführte sieben Kategorien geschützt werden. Anderes ist nicht erlaubt. Eigene Schutzformen dürfen die Länder nicht erfinden.

Wie hat NRW das Problem gelöst? § 23 I 6 LNatSchG legt fest, dass die Wildnisentwicklungsgebiete als NSG im Sinne des BNatSchG geschützt sind. Noch einfacher gesagt: Auch die nordrhein-westfälischen Wildnisentwicklungsgebiete sind rechtlich „nur" gewöhnliche NSG.

Die Rechtslage im „einfachen" Wald und in der „einfachen" Natur

Betretungsrecht nach §§ 57ff LNatSchG und §§ 2ff LFoG

Es ist ja nicht jeder Wald, nicht jede freie Fläche gleich ein Naturschutzgebiet. In diesen „einfachen" Gebieten gilt nichts als das Gesetz. Die Betretungsrechte sind geregelt in den

§§ 57ff LNatSchG für die freie Landschaft und in den

§§ 2ff LFoG für den Wald.

Die wichtigsten Regelungen für die freie Landschaft sind:

- das Betreten der freien Flächen zum Zwecke der Erholung ist erlaubt
- gleichgestellt sind Krankenfahrstühle
- Fahrräder und Pferde müssen auf den Wegen bleiben

Die wichtigsten Regelungen für den Wald sind:

- das Betreten des Waldes zum Zwecke der Erholung ist erlaubt
- Fahrräder und Krankenfahrstühle müssen auf Straßen und festen Wegen bleiben, § 2 III LFoG
- motorgetriebene Fahrzeuge sind nicht erlaubt, § 2 II, 3 I lit e) LFoG
- verboten ist das Zelten sowie das Abstellen von Wohnwagen und Kraftfahrzeugen im Wald, § 2 II, 3 I lit e) LFoG
- außerhalb von Wegen müssen Hunde angeleint werden, § 2 III 2 LFoG
- das Betreten des Waldes kann zeitweilig „...zum Schutze der wildlebenden Tiere und

aus Gründen der Jagdausübung…“ für die Zeit zwischen 17 Uhr und acht Uhr auf die Wege beschränkt werden, § 5 II LFoG

- das Reiten ist nur auf Reitwegen und Fahrwegen erlaubt; Fahrwege sind befestigte oder naturfeste Waldwirtschaftswege (Achtung: Diese Regelung befindet sich nicht im LFoG, sondern in § 57 II LNatSchG)
- Abfälle dürfen nicht fortgeworfen werden, § 6a I LFoG
- das Führen von Pferden – also Spaziergang mit Pferd – ist im Wald auf allen Wegen erlaubt, § 57 IX LNatSchG
- Feuer, Grillen und das Lagern von leichtentzündlichen Stoffen ist im Wald verboten, ebenso in einem Abstand von bis zu 100 Metern vom Waldrand, § 47 I LFoG
- es gilt ein Rauchverbot in der Zeit vom 01. März bis zum 31. Oktober, § 47 III LFoG

Wohlgemerkt: All dies gilt nur für den „einfachen“, also nicht unter besonderen Schutz gestellten Teil der Landschaft und des Waldes.

Die Rechtslage in den besonders geschützten Gebieten

Für eine Wanderung sucht man sich allerdings in der Regel Gebiete aus, die besonders schön und reizvoll sind. Hier ist die Chance groß, dass es sich um ein Naturschutzgebiet oder ähnliches handelt. Aber wie findet man das heraus? Und welche Regeln gelten dort? Im besten Fall findet man am Waldrand ein Hinweisschild. Aber erstens sagt das nicht viel mehr aus, als dass es sich um ein NSG handelt, und zweitens weiß man damit immer nicht, was man tun darf und lassen sollte. Das gehört also zur Vorbereitung der Tour. Nur: Wie?

Ganz „old school" kann man sich zur Kreisverwaltung begeben und dort die Verzeichnisse einsehen. Denn gemäß § 49 I LNatSchG müssen dort alle Schutzgebiete im Kreisgebiet in Verzeichnisse eingetragen und für den Bürger zur Einsicht bereitgehalten werden.

Für die Wildnisentwicklungsgebiete gibt es eine Sonderregelung: Gemäß § 40 III LNatSchG werden sie im Ministerialblatt veröffentlicht, ebenso im Internet unter

http://wildnis.naturschutzinformationen.nrw.de

Diese Seite ist passabel aufgebaut, hilft aber nur zur Hälfte. Unten auf der Seite findet man unter

„Gebiete“ eine Liste der in NRW so genannten Wildniswälder und unter „Karte“ eine Karte, durch die man sich hindurchklicken kann. Will man also – zB – im Reichswald zwischen Kleve und Goch unterwegs sein, dann kann man über die Liste oder die Karte unschwer herausfinden, dass es sich um das Gebiet „Reichswald“ mit der Kennung WG-KLE-0002 handelt. Da gibt es dann auch eine schöne Beschreibung, aber keinen Hinweis darauf, ob es sich bei diesem Wildniswald um ein Wildnisentwicklungsgebiet im Sinne der § 40 LNatSchG, § 23 BNatschG handeln soll und welche besonderen Regeln – ggf – gelten sollen. Diese Seite hilft also nicht weiter.

Generell wäre es hilfreich, wenn man alle Schutzgebiete, also etwa auch die „normalen“ NSG im Internet finden könnte.In dieser Form gibt es das nicht. Man kann allerdings die Naturschutzgebiete auf dieser Seite finden:

https://nsg.naturschutzinformationen.nrw.de/nsg/de/start

Dazu muss man wie folgt vorgehen: Über den Reiter „Fachinformation“ kann man die „Gebietslisten“ aufrufen und sieht dann eine Liste aller Naturschutzgebiete in NRW, aufgeteilt nach Regierungsbezirken. Will man zum Beispiel am „Geldenberg“

bei Kleve wandern, dann findet man im Regierungsbezirk Düsseldorf das NSG KLE – 043 „Geldenberg". Hier muss man auf die Karte klicken und jetzt wird es kompliziert. Denn man muss zunächst das Info-Icon anklicken, dann auf die rote Raute, die das NSG markiert, und erhält dann ein Fenster mit „Gebietsinformationen". Hier wiederum muss man in die oberste Zeile klicken (KLE – 043) und findet sich dann in einem neuen Fenster wieder, das mit „Linfos-Kennung KLE – 043" überschrieben ist. Etwas weiter unten im Text findet man eine Überschrift „Links auf externe Dokumente", und eines dieser Dokumente enthält tatsächlich die Rechtsgrundlagen des Naturschutzgebietes. Leider funktioniert der link nicht, aber man kann sich mit einem Trick helfen. Wenn man den link mit der Maus kopiert und dann in einem neuen – händisch geöffneten – Fenster öffnet, dann öffnet sich der Landschaftsplan des Kreises Kleve, der die relevanten Regeln enthält. Obacht: Es genügt nicht, den link zu markieren und dann die Funktion „Link in neuem Fenster öffnen" zu wählen - das funktioniert nicht. Man muss das schon händisch machen.

Diese Vorgehensweise ist mühselig und funktioniert auch nicht bei allen Naturschutzgebieten. In den NSG DO – 010 (Dellwiger Bach), DO 017 (Hohensyburg-Klusenberg) oder MK – 007 (Wilde Ennepe) – allesamt zufällig ausgesucht – scheitert man bei der Suche nach den Rechtsgrundlagen.

Auf der Startseite des Landesamtes findet man auch die Vogelschutzgebiete, für die besondere Regeln gelten. Europäische Vogelschutzgebiete sind im Ministerialblatt NRW 2016, Seite 244 veröffentlicht. Die Gebietskarten können bei den unteren Naturschutzbehörden - also den Kreisen bzw kreisfreien Städten, vgl § 1 I Nr. LNatSchG- eingesehen werden, § 52 I 4 LNatSchG. In den Vogelschutzgebieten müssen in der Brutzeit (01. März bis 31. Juli) Hunde angeleint werden, vgl § 52 II 2 Nr. 5 LNatSchG.

Nationalpark Eifel

Die maßgebliche Verordnung findet man hier:

https://recht.nrw.de/lmi/owa/br_text_anzeigen?v_id=10000000000000000038

Anders als in den meisten anderen Bundesländern braucht es zur Errichtung eines Nationalparks kein parlamentarisches Gesetz. Das Land NRW hat diese Befugnis in § 36 I LNatSchG auf das zuständige Ministerium übertragen. Die Rechtsgrundlage für den Nationalpark Eifel ist die Verordnung über den Nationalpark Eifel vom 17.12.2003 (NP-VO-Eifel). In den §§ 14, 15 dieser VO finden sich die wichtigsten Ge- und Verbote. So ist etwa das Betreten nur auf den Wegen erlaubt (§ 15 II), ebenso das Reiten. Es ist verboten zu klettern, ein Feuer anzuzünden, ebenso „...zu zelten, zu campen, zu nächtigen oder zu lagern" (§ 14 Nr. 11).

Zusammenfassend lässt sich sagen, dass NRW es dem Bürger schwer macht. Es ist zwar möglich, über das Internet herauszufinden, ob ein bestimmtes Gebiet ein Schutzgebiet – also zB ein NSG – ist oder nicht. Das war's dann aber auch. Was dort erlaubt ist und was verboten ist, dass muss man bei der Kreisverwaltung erfragen. Old school eben.

Maßgebliche Gesetze:

- NaturschutzG
- LandeswaldG
- Nationalpark Hunsrück-Hochwald - Staatsvertrag mit dem Saarland (Staatsvertrag zwischen dem Land Rheinland-Pfalz und dem Saarland über die Errichtung und Unterhaltung des Nationalparks Hunsrück-Hochwald vom 04. Oktober 2014) sowie das dazugehörige Landesgesetz vom 04.02.2015

Die Rechtslage im „einfachen" Wald und in der „einfachen" Natur

Betretungsrecht nach § 26 NatSchG und §§ 22 ff LWaldG

Es ist ja nicht jeder Wald, nicht jede freie Fläche gleich ein Naturschutzgebiet. In diesen „einfachen" Gebieten gilt nichts als das Gesetz. Die Betretungsrechte sind geregelt in

§ 26 NatSchG für die freie Landschaft und in den

§§ 22 ff LWaldG für den Wald.

Die wichtigsten Regelungen für die freie Landschaft sind:

- das Betreten und das Fahren mit Rollstühlen ist erlaubt zum Zwecke der Erholung
- Radfahrer und Reiter müssen auf den Wegen bleiben
- in der Zeit vom 01. März bis zum 31. Juli ist das Aufsuchen, Filmen und Fotografieren von Schwarzstorch, Fischadler, Baum- und Wanderfalke, Uhu, Weihen, Rotmilan, Schwarzmilan, Wespenbussard und Eisvogel verboten; gleichgestellt sind ähnliche Handlungen, die die Brut beeinträchtigen könnten (§ 24 I; bußgeldbewehrt, § 37 I Nr. 9).

Die wichtigsten Regelungen für den Wald sind:

- das Betreten und das Fahren mit Rollstühlen ist erlaubt zum Zwecke der Erholung
- Radfahrer und Reiter müssen auf Straßen und Waldwegen bleiben
- Feuer ist verboten im Wald und in einem Abstand von bis zu 100 Metern vom Waldrand
- Grillen ist ebenfalls verboten
- Rauchen ist verboten

- Erlaubt ist das Sammeln von Pilzen, Beeren, Fallholz und Handsträußen für den persönlichen Gebrauch
- Zelten, das Abstellen von Kraftfahrzeugen und Anhängern im Wald sowie das Fahren mit Hundegespannen bedürfen der vorherigen Erlaubnis

Wohlgemerkt: All dies gilt nur für den „einfachen“, also nicht unter besonderen Schutz gestellten Teil der Landschaft und des Waldes.

Die Rechtslage in den besonders geschützten Gebieten

Für eine Wanderung sucht man sich allerdings in der Regel Gebiete aus, die besonders schön und reizvoll sind. Hier ist die Chance groß, dass es sich um ein Naturschutzgebiet oder ähnliches handelt. Aber wie findet man das heraus? Und welche Regeln gelten dort? Im besten Fall findet man am Waldrand ein Hinweisschild. Aber erstens sagt das nicht viel mehr aus, als dass es sich um ein NSG handelt, und zweitens weiß man damit immer nicht, was man tun darf und lassen sollte. Das gehört also zur Vorbereitung der Tour. Nur: Wie?

Die Schutzgebiete werden in Rheinland-Pfalz durch verschiedene Behörden ausgewiesen, je nach Schutzstatus, vgl § 13 iVm § 2 LNatSchG. Aus diesen beiden Vorschriften kann man herauslesen, dass zB Naturschutzgebiete durch die „Struktur- und Genehmigungsdirektion" ausgewiesen werden (vergleichbar den Bezirksregierungen in anderen Bundesländern). In Rheinland-Pfalz gibt es derer zwei, und zwar „Nord" in Koblenz und „Süd" in Neustadt an der Weinstraße. Hier kann man die Rechtsverordnungen (§ 12 I) und die Verzeichnisse der Naturschutzgebiete einsehen.

Das Land Rheinland-Pfalz bietet auf der Internetseite

https://naturschutz.typo3web03.rlp.de/de/fachinformationen/schutzgebiete-und-schutzobjekte/

eine Übersicht über die vorhandenen Schutzgebiete. Bei der Planung einer Wanderung kann man sich hier durchklicken und wird alsdann verlinkt auf ein Geo-Portal des Landes:

https://geodaten.naturschutz.rlp.de/

Hier angekommen kann man den Kartendienst LANIS aufrufen, sei es für PC, sei es für Smartphone oder Tablet, und kommt so auf eine Übersichtskarte des Landes, für die sich verschiedene Ebenen darstellen lassen. Es braucht Leidensfähigkeit, um die innere Logik dieser Karten zu verstehen, aber letztendlich mag es gelingen, durch das Entfernen von Häkchen eine brauchbare Information zu erlangen, etwa: Ist „Maria Laach" ein Naturschutzgebiet? Klickt man auf das rot markierte Gebiet, öffnet sich ein kleines Fenster mit dem Titel „Abfrageergebnis". Hier kann man die Objektkennung (NSG-7100-025) und die Objektbezeichnung (Laacher See) herauslesen und es gibt auch eine Verlinkung zur Rechtsverordnung. Dort findet man dann – endlich – die Aussagen, was erlaubt ist und was nicht.

Tatsächlich findet man auf diese Weise gleich drei Rechtsverordnungen zum Schutzgebiet NSG-7100-025 „Laacher See"; die älteste datiert vom 31. März 1940. Nach § 3 dieser VO ist es ua verboten:

„a) Pflanzen zu beschädigen, auszureißen, ...oder Teile davon abzupflücken, ...

b) freilebenden Tieren nachzustellen, ..., Puppen, Larven, ...und sonstige Brut- und Wohnstätten solcher Tiere ... zu beschädigen, ungeachtet der berechtigten Abwehrmaßnahmen gegen Kulturschädlinge und sonst lästige oder blutsaugende Insekten, ...

d) die Wege zu verlassen, zu lärmen, Feuer anzumachen, Abfälle wegzuwerfen ..."

Nationalpark Hunsrück-Hochwald

Die Homepage bietet keine Information darüber, was erlaubt ist und was nicht. Selbst unter dem Reiter „Rechtlicher Rahmen“ wird man nicht fündig. Da bleibt dann eben doch nur der Blick in den Staatsvertrag (der unter „Infomaterial“ verlinkt wird):

https://www.nlphh.de/infomaterial-publikationen-medien/staatsvertrag-2/

Für den Wanderer relevant ist der Verbotskatalog des § 14 II des Staatsvertrages. Dort wird in den Nr. 1 – 11 aufgelistet, was man alles nicht darf, so zB

„Nr. 9: Zelte oder sonstige bewegliche Unterkünfte aufzustellen, Sachen aller Art zu lagern, Feuer zu entzünden sowie Wagen und Krafträder zu parken, …“

Dieser Nationalpark wird gemeinsam mit dem Saarland betrieben. Für die saarländische Seite gelten daher auch die saarländischen Vorschriften; das muss aber keine Sorgen bereiten. Denn die Ge- und Verbote sind im Staatsvertrag geregelt, siehe oben, und daher auf beiden Seiten der Landesgrenze gleich.

SAARLAND

Maßgebliche Gesetze:

- saarländisches Naturschutzgesetz (SNG)

- Landeswaldgesetz (LWaldG)

- Nationalpark Hunsrück-Hochwald - Staatsvertrag mit Rheinland-Pfalz (Staatsvertrag zwischen dem Land Rheinland-Pfalz und dem Saarland über die Errichtung und Unterhaltung des Nationalparks Hunsrück-Hochwald vom 04. Oktober 2014) sowie das dazugehörige Landesgesetz vom 12.11.2014

Die Rechtslage im „einfachen“ Wald und in der „einfachen“ Natur

Betretungsrecht nach § 11 SNG und § 25 LWaldG

Es ist ja nicht jeder Wald, nicht jede freie Fläche gleich ein Naturschutzgebiet. In diesen „einfachen“ Gebieten gilt nichts als das Gesetz. Die Betretungsrechte sind geregelt in den

§ 11 SNG für die freie Landschaft und in

§ 25 LWaldG für den Wald.

Die wichtigsten Regelungen für die freie Landschaft sind:

- erlaubt ist das Betreten der freien Landschaft zum Zwecke der Erholung
- gleichgestellt sind „...das Spielen... sowie das Fahren mit Krankenfahrstühlen, das Radfahren und das Reiten auf Wegen“, § 11 II 3 SNG
- nicht erlaubt ist das Fahren mit motorisierten Fahrzeugen (Ausnahme: Krankenfahrstühle)
- nicht erlaubt sind das Zelten und das Feuermachen
- in der Nutzzeit (01. April bis 15. Oktober) dürfen landwirtschaftliche Flächen nur auf vorhandenen Wegen betreten werden
- bewegliche Sachen, insbesondere Abfälle dürfen nicht zurückgelassen werden
- wilde Pflanzen dürfen nur entnommen werden, wenn die Pflanzen nicht besonders geschützt sind und der Bestand nicht gefährdet wird (Ausnahme: Invasive Arten), § 32 I 2, 3 SNG
- wilde Tiere dürfen nicht beunruhigt werden, § 32 I 1 Nr. 2 SNG

Die wichtigsten Regelungen für den Wald sind:

- das Betreten zum Zweck der naturverträglichen Erholung ist jedermann gestattet
- Radfahren, Fahren mit Krankenfahrstühlen und Reiten ist nur auf Straßen und Wegen erlaubt
- nur mit Erlaubnis des Besitzers erlaubt ist
  - das Fahren mit Kutschen und Hundegespannen+
  - das Zelten sowie das Fahren und Abstellen von motorgetriebenen Fahrzeugen
  - das Radfahren und Reiten abseits von Straßen und Wegen

Wohlgemerkt: All dies gilt nur für den „einfachen“, also nicht unter besonderen Schutz gestellten Teil der Landschaft und des Waldes.

Die Rechtslage in den besonders geschützten Gebieten

Für eine Wanderung sucht man sich allerdings in der Regel Gebiete aus, die besonders schön und reizvoll sind. Hier ist die Chance groß, dass es sich um ein Naturschutzgebiet oder ähnliches handelt. Aber wie findet man das heraus? Und welche Regeln gelten dort? Im besten Fall findet man am Waldrand ein Hinweisschild. Aber erstens sagt das nicht viel mehr aus, als dass es sich um ein NSG handelt, und zweitens weiß man damit immer nicht, was man tun darf und lassen sollte. Das gehört also zur Vorbereitung der Tour. Nur: Wie?

Im Saarland werden die Schutzgebiete durch Rechtsverordnung erlassen (§§ 16 ff SNG); zuständig hierfür ist jeweils das Ministerium (§§ 20 iVm 47 II Nr. 1 SNG). Zuständige Behörde auf Arbeitsebene ist das Landesamt für Umwelt- und Arbeitsschutz (§ 47 II Nr 3 SNG). Dort wird auch ein Naturschutzregister geführt, in dem alle im Saarland geschützten Teile von Natur und Landschaft verzeichnet sind (§ 23 III SNG).

Im Internet wird man auch fündig. Auf der Seite

https://www.saarland.de/mukmav/DE/portale/naturschutz/informationen/schutzgebiete/schutzgebiete-3.html

bietet das Saarland die Möglichkeit, ein Verzeichnis der Schutzgebiete einzusehen. Will man zB im Naturschutzgebiet „Closenbruch“ wandern, dann ruft man das Verzeichnis der NSG auf, klickt auf den link und findet dann alle Informationen zum „Closenbruch“, ua auch die „Verordnung über das Naturschutzgebiet „Closenbruch“ (N 6610-301) vom 2. November 2015“. Da kann man dann in § 4 nachlesen, was verboten ist, so etwa „...Wohnwagen oder

Container aufzustellen, zu lagern, Feuer anzumachen sowie Wagen und Krafträder außerhalb dafür zugelassener Anlagen zu parken“ (§ 4 I Nr. 7).

Nationalpark Hunsrück-Hochwald

Der Staatsvertrag mit Rheinland-Pfalz

https://www.nlphh.de/infomaterial-publikationen-medien/staatsvertrag-2/

ist vom Landtag des Saarlandes durch dieses Gesetz

https://www.saarland.de/SharedDocs/Downloads/DE/mukmav/naturschutz/dl_nationalpark_staatsvertrag_muv.pdf?__blob=publicationFile&v=2

ratifiziert worden.

Die Landesregierung hat mit dieser Verordnung

https://www.saarland.de/SharedDocs/Downloads/DE/mukmav/naturschutz/dl_nationalpark_LWaldG_muv.pdf?__blob=publicationFile&v=2

die Zuständigkeiten auf das Nationalparkamt übertragen.

Die Homepage des Nationalparks bietet keine Information darüber, was erlaubt ist und was nicht. Selbst unter dem Reiter „Rechtlicher Rahmen“ wird man nicht fündig. Da bleibt dann eben doch nur der Blick in den Staatsvertrag (der unter „Infomaterial“ verlinkt wird):

https://www.nlphh.de/infomaterial-publikationen-medien/staatsvertrag-2/

Für den Wanderer relevant ist der Verbotskatalog des § 14 II des Staatsvertrages. Dort wird in den Nr. 1 – 11 aufgelistet, was man alles nicht darf, so zB

„Nr. 9: Zelte oder sonstige bewegliche Unterkünfte aufzustellen, Sachen aller Art zu lagern, Feuer zu entzünden sowie Wagen und Krafträder zu parken, …“

Dieser Nationalpark wird gemeinsam mit Rheinland-Pfalz betrieben. Für die rheinland-pfälzische Seite gelten daher auch die dortigen Vorschriften; das muss aber keine Sorgen bereiten. Denn die Ge- und Verbote sind im Staatsvertrag geregelt, siehe oben, und daher auf beiden Seiten der Landesgrenze gleich.

SACHSEN

Maßgebliche Gesetze:

- Sächsisches Naturschutzgesetz (SächsNatSchG)
- Waldgesetz für den Freistaat Sachsen (SächsWaldG)
- Nationalpark „Sächsische Schweiz" – Verordnung über die Festsetzung des Nationalparks Sächsische Schweiz vom 12. September 1990

Die Rechtslage im „einfachen" Wald und in der „einfachen" Natur

Betretungsrecht nach §§ 27, 28 SächsNatSchG und §§ 11, 12, 15 SächsWaldG

Es ist ja nicht jeder Wald, nicht jede freie Fläche gleich ein Naturschutzgebiet. In diesen „einfachen" Gebieten gilt nichts als das Gesetz. Die Betretungsrechte sind geregelt in den

§§ 27, 28 SächsNatSchG für die freie Landschaft und in den

§§ 11, 12, 15 SächsWaldG für den Wald.

Die wichtigsten Regelungen für die freie Landschaft sind:

- Alle dürfen die freie Landschaft zum Zwecke der Erholung unentgeltlich betreten
- landwirtschaftliche Flächen dürfen während der Nutzzeit nicht betreten werden; Nutzzeit ist die Zeit zwischen Aussaat und Ernte bzw, bei Grünland, zwischen Aufwuchs und Beweidung
- zum Betreten gehört auch: Skifahren, Schlittenfahren, Spielen und ähnliche Betätigungen
- Fahrräder und Krankenfahrstühle müssen auf den Wegen bleiben – Fußgänger dürfen nicht belästigt oder behindert werden, § 27 II Nr. 2
- Reiter müssen auf den Wegen bleiben
- Zelten ist verboten, ebenso das Aufstellen und Abstellen von Fahrzeugen

Die wichtigsten Regelungen für den Wald sind:

- Jeder darf den Wald zum Zwecke der Erholung betreten
- Fahrräder und motorgetriebene Krankenfahrstühle müssen auf Straßen und Wegen bleiben
- Radfahren ist nicht gestattet auf Fußwegen

- Reiten ist nur auf besonders gekennzeichneten Wegen gestattet
- Zelten ist verboten, ebenso das Abstellen von Wohnwagen und Fahrzeugen
- Feuer ist verboten im Wald und in einem Abstand von bis zu 100 Metern vom Waldrand; gleiches gilt für das Wegwerfen von brennenden oder glimmenden Gegenständen, § 15
- im Wald darf nicht geraucht werden

Wohlgemerkt: All dies gilt nur für den „einfachen“, also nicht unter besonderen Schutz gestellten Teil der Landschaft und des Waldes.

Die Rechtslage in den besonders geschützten Gebieten

Für eine Wanderung sucht man sich allerdings in der Regel Gebiete aus, die besonders schön und reizvoll sind. Hier ist die Chance groß, dass es sich um ein Naturschutzgebiet oder ähnliches handelt. Aber wie findet man das heraus? Und welche Regeln gelten dort? Im besten Fall findet man am Waldrand ein Hinweisschild. Aber erstens sagt das nicht viel mehr aus, als dass es sich um ein NSG handelt, und zweitens weiß man damit immer nicht, was man tun darf und lassen sollte. Das gehört also zur Vorbereitung der Tour. Nur: Wie?

Schutzgebiete werden in Sachsen durchgängig im Wege der Rechtsverordnung ausgewiesen, § 13 I SächsNatSchG. Es bedarf also keines Gesetzes des Landtags. Die Zuständigkeiten variieren je nach Art des Schutzgebiets, vgl § 48 SächsNatSchG. Ein Nationalpark etwa kann nur durch das Ministerium errichtet werden, ein Naturschutzgebiet aber kann auch das Landratsamt einrichten, § 48 I iVm § 46 I SächsNatSchG. Für den Vollzug des Gesetzes sind generell die Landratsämter als untere Naturschutzbehörden zuständig (bzw die kreisfreien Städte), § 47 I SächsNatSchG.

Die Schutzgebiete sind in ein Verzeichnis einzutragen. Diese Verzeichnisse können beim Landesamt für Umwelt, Landwirtschaft und Geologie sowie bei den unteren Naturschutzbehörden während der Dienststunden eingesehen werden, § 13 IV SächsNatSchG.

Das Internet hilft nicht wirklich weiter. Auf der Seite

https://www.natur.sachsen.de/schutzgebiete-in-sachsen-7957.html

kann man unter dem Reiter „Arbeitsmaterialien" eine Excel-Tabelle öffnen, die eine Auflistung der Schutzgebiete enthält. Darin kann man – immerhin – nachlesen, mit welcher Verordnung das jeweilige

Schutzgebiet eingerichtet wurde. Ein Beispiel: Möchte man etwa im NSG „Schwarzwassertal" im Erzgebirgskreis wandern, dann findet man in der Tabelle unter Nr. C 12, dass dieses Naturschutzgebiet eingerichtet wurde durch eine Verordnung des Regierungspräsidiums Chemnitz vom 18.12.2003 (SächsABl. 204, S. 74). Mehr geht aber nicht, insbesondere kann man die Verordnung nicht aufrufen. Wer also wissen will, was im NSG „Schwarzwassertal" erlaubt ist, der muss sich entweder auf die Suche nach dem Sächsischen Amtsblatt aus dem Jahr 2004 machen oder sie/er muss sich auf den Weg zum Landratsamt im Erzgebirgskreis machen, um dort während der Dienststunden den Verordnungstext einzusehen.

Die interaktive Karte, ebenfalls unter „Arbeitsmaterialien" zu finden, hilft auch nicht weiter. Denn auch darin können die Verordnungstexte nicht aufgerufen werden.

Es soll nicht verschwiegen werden, dass der Freistaat ein 724 Seiten starkes Handbuch „Naturschutzgebiete in Sachsen" erstellt hat, das kostenfrei heruntergeladen werden kann. Auch das Schwarzwassertal ist darin zu finden, auf der Seite 554. Indes kommt die Jura auch hier zu kurz. Es gibt geschichtliche, geologische und botanische Informationen, aber keine juristischen.

Nationalpark Sächsische Schweiz

Der Nationalpark „Sächsische Schweiz“ wurde durch eine Verordnung des Ministerrats der DDR vom 12.09.1990 geschaffen:

https://www.gesetze-im-internet.de/natps-schweizv/DDNR514700990.html

Die Ge- und Verbote sind in den §§5, 6 der VO geregelt. Verboten ist danach ua

- Pflanzen jeglicher Art auszugraben oder mitzunehmen, § 6 II Nr. 6 – also auch Pilze und Brombeeren
- Brut- und Wohnstätten von Tieren aufzusuchen, § 6 II Nr. 7
- die Wege zu verlassen, § 6 II Nr 11
- zu zelten sowie „...außerhalb von Gebäuden Feuer zu machen oder zu nächtigen“, § 6 II Nr. 13

SACHSEN-ANHALT

Maßgebliche Gesetze:

- Naturschutzgesetz des Landes Sachsen-Anhalt (NatSchG LSA)
- Gesetz zur Erhaltung und Bewirtschaftung des Waldes, zur Förderung der Forstwirtschaft sowie zum Betreten und Nutzen der freien Landschaft im Land Sachsen-Anhalt (Landeswaldgesetz Sachsen-Anhalt – LwaldG)
- Nationalpark Harz – Gesetz über den Nationalpark „Harz (Sachsen-Anhalt)"

Die Rechtslage im „einfachen" Wald und in der „einfachen" Natur

Betretungsrecht nach den §§ 21ff LWaldG

Es ist ja nicht jeder Wald, nicht jede freie Fläche gleich ein Naturschutzgebiet. In diesen „einfachen" Gebieten gilt nichts als das Gesetz. Die Betretungsrechte sind – das ist eine sachsen-anhaltinische Besonderheit – nur im LWaldG geregelt, und zwar sowohl für die freie Landschaft als auch für den Wald. Maßgeblich sind hier die §§ 21 ff.

Die wichtigsten Regelungen sind:

- das Betreten zum Zwecke der Erholung ist gestattet
- als Betreten gilt: Begehen, Befahren, Reiten
- erlaubnispflichtig sind
    - das Zelten
    - das Aufstellen von Wohnwagen und Wohnmobilen
    - das Anlegen von Feuerstellen
    - das Aufstellen von Bienenstöcken
- verboten ist das Begehen von Äckern zwischen Aussaat und Ernte
- verboten ist das Begehen von Wiesen während der Brut- und Setzzeit und von Weiden während der Aufwuchs- oder Weidezeit
- Kraftfahrzeuge sind verboten
- Fahrräder, Krankenfahrstühle und alle Fahrzeuge ohne Motorkraft müssen auf den Wegen bleiben; auf Fußgänger ist Rücksicht zu nehmen
- Reiten ist nur auf Privatwegen erlaubt und auch nur, soweit sie dafür geeignet sind; Fußgänger und Radfahrer haben Vorrang, § 25 I
- Koppeltore müssen geschlossen werden, § 28 I (bußgeldbewehrt, vgl § 37 II Nr. 14)
- Hunde müssen beaufsichtigt werden

- Hunde müssen in der Zeit vom 01. März bis 15. Juli angeleint sein
- brennende oder glimmende Gegenstände dürfen nicht weggeworfen werden
- verboten ist es, durch Rauchen leicht entzündbare Bestände, Strohdiemen, Ernten oder trockene Hecken zu gefährden
- bei Waldbrandgefahr der Stufen 2 – 5 darf im Wald und in einem Abstand von bis zu 15 Metern nicht geraucht werden
- Feuer: im Wald oder bei Waldbrandgefahr der Stufen 2 – 5 darf in einem Abstand von weniger als 30 Metern zum Waldrand außerhalb von öffentlichen Grillplätzen kein Feuer angezündet werden, § 29
- bei Waldbrandgefahr der Stufe 5 darf der Wald außerhalb von Wegen nicht betreten werden

Wohlgemerkt: All dies gilt nur für den „einfachen“, also nicht unter besonderen Schutz gestellten Teil der Landschaft und des Waldes.

Die Rechtslage in den besonders geschützten Gebieten

Für eine Wanderung sucht man sich allerdings in der Regel Gebiete aus, die besonders schön und reizvoll sind. Hier ist die Chance groß, dass es sich um ein Naturschutzgebiet oder ähnliches handelt. Aber wie findet man das heraus? Und welche Regeln gelten dort? Im besten Fall findet man am Waldrand ein Hinweisschild. Aber erstens sagt das nicht viel mehr aus, als dass es sich um ein NSG handelt, und zweitens weiß man damit immer nicht, was man tun darf und lassen sollte. Das gehört also zur Vorbereitung der Tour. Nur: Wie?

Aus § 15 NatSchG LSA ergibt sich, dass es für die Errichtung von Nationalparks ein parlamentarisches Gesetz braucht, ebenso für eine Erklärung zum Nationalen Naturmonument. Alles andere kann im Wege der Rechtsverordnung unter Schutz gestellt werden.

Die Zuständigkeiten für den Erlass der Rechtsverordnungen sucht man im NatSchG LSA vergeblich. Das Ministerium hat von der in § 1 II 2 eingeräumten Möglichkeit Gebrauch gemacht und eine Zuständigkeitsverordnung erlassen, in der im Detail geregelt ist, welche Behörde welche Schutzmaßnahmen ergreifen darf (NatSchZustVO - Verordnung über abweichende Zuständigkeiten für das Recht des Naturschutzes und der Landschaftspflege und über die Anerkennung von Vereinigungen - Land Sachsen-Anhalt - vom 21. Juni 2011). Die Befugnis zur Errichtung von Naturschutzgebieten etwa ist danach der oberen Naturschutzbehörde zugewiesen, § 2 I Nr. 2 VO. Das ist das Landesverwaltungsamt, wie sich aus § 1 I Nr. 2 NatSchG LSA ergibt.

Verzeichnis der Schutzgebiete: Die Naturschutzbehörden führen ein Naturschutzregister, welches alle in ihrem Gebiet liegenden Schutzgebiete auflistet. Das Landesamt als Fachbehörde für Naturschutz (§ 2 NatSchG LSA) führt ein Register für das gesamte Land Sachsen-Anhalt. Und § 18 III NatSchG LSA sagt: „*Naturschutzregister ...können kostenfrei eingesehen werden. Auszüge können gegen Kostenerstattung angefordert werden.*"

Das Internet hilft auch hier weiter. Auf der Seite

https://lau.sachsen-anhalt.de/naturschutz/schutzgebiete-nach-landesrecht

findet man mittig eine fett gedruckte Auflistung der Schutzgebiete (falsch wäre es, das dünn gedruckte „Verzeichnis der Schutzgebiete" aufzurufen; dort endet man in einer pdf-Sackgasse, ohne zusätzliche Informationen). Wählt man stattdessen den Weg über die fett gedruckten Kategorien, so lassen sich die Schutzgebiete anklicken. Will man – zB – im Bodetal wandern, dann sucht man hier nach dem NSG „Bodetal", klickt darauf und kann alsdann die Verordnung vom 16.01.1937 herunterladen, durch welche dieses Gebiet seinerzeit unter Schutz gestellt wurde. Dort kann man dann nachlesen, dass es zB gemäß § 3 I lit d) verboten ist, „...*die Wege zu verlassen, zu lärmen, Feuer anzumachen, Abfälle wegzuwerfen oder das Gelände auf andere Weise zu beeinträchtigen,...*"

Nationalpark Harz

Im Jahr 2005 errichteten die Länder Sachsen-Anhalt und Niedersachsen durch weitgehend gleichlautende Gesetze den grenzüberschreitenden Nationalpark. Das sachsen-anhaltinische Gesetz findet man hier:

https://www.nationalpark-harz.de/de/downloads/gesetzliche_grundlagen/NPGHarz_Sachsen_Anhalt_2010.pdf

Die relevanten Ge- und Verbote sind in den §§ 6 und 7 geregelt.

SCHLESWIG-HOLSTEIN

Maßgebliche Gesetze:

- Gesetz zum Schutz der Natur (Landesnaturschutzgesetz – LNatSchG)
- Waldgesetz für das Land Schleswig-Holstein (Landeswaldgesetz - LWaldG)
- Landesverordnung zum Brandschutz der Wälder, Moore und Heiden vom 31. Januar 2013 (WaldSchV SH 2013)
- Nationalpark Schleswig-Holsteinisches Wattenmeer – Gesetz zum Schutz des Schleswig-Holsteinischen Wattenmeeres (Nationalparkgesetz – NPG)

Die Rechtslage im „einfachen“ Wald und in der „einfachen“ Natur

Betretungsrecht nach §§ 30 ff LNatSchG und §§ 17 ff LWaldG

Es ist ja nicht jeder Wald, nicht jede freie Fläche gleich ein Naturschutzgebiet. In diesen „einfachen“ Gebieten gilt nichts als das Gesetz. Die Betretungsrechte sind geregelt in den

§§ 30 ff NatSchG für die freie Landschaft und in den

§§ 17 ff LWaldG für den Wald.

Die wichtigsten Regelungen für die freie Landschaft sind:

- die für die Öffentlichkeit gewidmeten Straßen, Wege und Flächen dürfen zum Zwecke der Erholung unentgeltlich betreten werden
- private Flächen dürfen (nur) auf vorhandenen Wegen betreten werden, einschließlich der Ränder
- gleichgestellt sind das Radfahren und das Fahren mit dem Krankenfahrstuhl
- Reiter dürfen Privatwege nur benutzen, wenn diese trittfest sind
- jeder darf den Meeresstrand betreten und sich dort aufhalten, § 32 I LNatSchG
- kleine Boote sind erlaubt
- Strandanlieger dürfen auch Strandkörbe für den eigenen Bedarf aufstellen
- auf Strandabschnitten „mit regem Badebetrieb“ ist in der Zeit vom 01. April – 31. Oktober das Reiten und das Mitführen von Hunden verboten, § 32 II LNatSchG
- verboten ist das Fahren auf dem Strand „mit Fahrzeugen“, ebenso ist das Aufstellen von Fahrzeugen verboten, § 33 I Nr 1 LNatSchG
- verboten ist das Fahren in Küstendünen und auf Strandwällen

- zu den Nistplätzen von Schwarzspecht, Schwarzstorch, Graureiher, Seeadler, Rotmilan und Kranich muss ein Abstand von 100 Metern eingehalten werden, § 28b LNatSchG
- Zelten:
  - ist auf dem Strand verboten, § 33 I Nr. 2 LNatSchG
  - ist erlaubt auf dafür zugelassenen Plätzen, § 37 I LNatSchG
  - nichtmotorisierte Wanderer dürfen für eine Nacht auch abseits von Campingplätzen zelten, wenn sie privatrechtlich dazu befugt sind, § 37 II LNatSchG

Eine Ergänzung zum „regen Badebetrieb": Das schleswig-holsteinische Umweltministerium hat mit Datum vom 10.01.2017 einen so genannten Einführungserlass zum LNatSchG publiziert, der auch im Internet abrufbar ist. In diesem Erlass führt das Ministerium aus, wie aus seiner Sicht die Vorschriften des Gesetzes zu verstehen sind. Zum „regen Badebetrieb" etwa meint das Ministerium auf der Seite 32: *„Ein reger Badebetrieb ist ...anzunehmen, wenn sich in der Badesaison an einigen Tagen mindestens 30 Badegäste an einer Badestelle aufhalten, auf eine Bademöglichkeit aufmerksam gemacht wird, Maßnahmen zur Sicherung von Badenden getroffen wurden oder infrastrukturelle*

...Gegebenheiten...wie zum Beispiel...Parkplätze ... vorhanden sind". Das ist die Meinung des Ministeriums. Diese Meinung bindet die nachgeordneten Beamten, aber nicht den Richter. Das ist dann wichtig, wenn die Behörden ein Bußgeld verhängen gemäß § 57 II Nr. 17 mit der Begründung, dass der Hund verbotswidrig an einem Strand „mit regem Badebetrieb" mitgeführt worden sei. Der Richter wird die Rechtsmeinung des Ministeriums mit höflichem Interesse zur Kenntnis nehmen, aber mehr eben auch nicht. Denn der Richter ist (nur) an das Gesetz gebunden, nicht aber an die Rechtsauffassung der Verwaltung. Das ist die zwingende Konsequenz aus dem Grundsatz der Gewaltenteilung und tragende Säule des Rechtsstaats – Art. 97 GG.

Die wichtigsten Regelungen für den Wald sind:

- „Jeder Mensch..." darf den Wald zum Zwecke der naturverträglichen Erholung betreten, § 17 I 1 LWaldG
- von Sonnenuntergang bis Sonnenaufgang (Nachtzeit) muss man auf den Waldwegen bleiben, § 17 I 2 LWaldG
- Fahrräder und Krankenfahrstühle müssen auch tagsüber auf den Wegen bleiben, ebenso Skifahrer

- Zelten ist verboten, ebenso das Abstellen von Fahrzeugen und Wohnwagen
- das Mitnehmen von Tieren ist verboten, mit Ausnahme angeleinter Hunde
- Reiten ist nur auf Wegen gestattet

Den Brandschutz im Wald hat Schleswig-Holstein nicht im Waldgesetz selbst geregelt, sondern „ausgelagert“. Gemäß §§ 23 III, 32 I LWaldG ist das Ministerium ermächtigt, eine Brandschutzverordnung zu erlassen. Von dieser Ermächtigung hat das Ministerium auch Gebrauch gemacht; die Landesverordnung zum Brandschutz der Wälder, Moore und Heiden vom 31. Januar 2013 (WaldSchV SH 2013) ist im Internet hier

https://www.gesetze-rechtsprechung.sh.juris.de/bssh/document/jlr-WaldSchVSH2013rahmen/part/X

zu finden und regelt in § 2, dass

- das Anzünden und Mitführen von Feuer und offenem Licht und der Umgang mit brennenden und glühenden Gegenständen im Wald, auf Mooren und Heiden verboten ist, ebenso in einem Abstand von bis zu 100 Metern,

- in der Zeit vom 01. März bis 31. Oktober das Rauchen im Freien in Wäldern, auf Mooren und Heiden verboten ist, und zwar auch auf durchlaufenden Straßen und Wegen (Ausnahme: Bundesfernstraßen)

Wohlgemerkt: All dies gilt nur für den „einfachen", also nicht unter besonderen Schutz gestellten Teil der Landschaft und des Waldes.

Die Rechtslage in den besonders geschützten Gebieten

Für eine Wanderung sucht man sich allerdings in der Regel Gebiete aus, die besonders schön und reizvoll sind. Hier ist die Chance groß, dass es sich um ein Naturschutzgebiet oder ähnliches handelt. Aber wie findet man das heraus? Und welche Regeln gelten dort? Im besten Fall findet man am Waldrand ein Hinweisschild. Aber erstens sagt das nicht viel mehr aus, als dass es sich um ein NSG handelt, und zweitens weiß man damit immer nicht, was man tun darf und lassen sollte. Das gehört also zur Vorbereitung der Tour. Nur: Wie?

Für die „alten" Naturschutzgebiete (= Unterschutzstellung vor dem 16. Juni 1993) ordnet § 60 LNatSchG an, dass ua *„...mindestens folgende Verbote..."* gelten:

- das Betreten ist nur auf ausgewiesenen Wegen und Flächen zulässig
- Reiter müssen auf ausgewiesenen Reitwegen bleiben
- Hunde müssen angeleint sein.

Ansonsten gelten die jeweiligen Verordnungen, die für die Schutzgebiete erlassen worden sind. Wo findet man diese? Nun, in Schleswig-Holstein wird bei der jeweilig zuständigen Naturschutzbehörde ein „Naturschutzbuch" geführt, § 12 V. Ein Einsichtsrecht ergibt sich nicht aus dem LNatSchG, wohl aber aus dem schleswig-holsteinischen Informationszugangsgesetz (IZG-SH). Nach § 3 Satz dieses Gesetzes hat jeder *„LNatSchG ein Recht auf freien Zugang zu den Informationen, über die eine informationspflichtige Stelle verfügt.*". Man muss sich lediglich die Mühe machen, aus dem LNatSchG herauszulesen, welche Behörde für welches Schutzgebiet zuständig ist. Im Zweifel wendet man sich an die untere Naturschutzbehörde, also den Landkreis.

Die Karten, aus denen sich die Grenzen der Schutzgebiete ergeben, können bei den Naturschutzbehörden eingesehen werden, § 19 VII Nr. 2.

Geht das auch einfacher? Ja, aber es ist kompliziert. Auf dieser Seite

https://www.schleswig-holstein.de/DE/fachinhalte/S/schutzgebiete/naturschutzgebiete.html

kann man eine Liste der Schutzgebiete finden, indes nur als pdf, die nur eine Auflistung enthält und keine weiteren Informationen enthält - insbesondere nicht die zugrundeliegenden Verordnungen. Ebenfalls auf dieser Seite kann man aber auch eine Übersichtskarte öffnen, in der man die Schutzgebiete anklicken kann. Macht man das, zB für das NSG „Naturwälder in den Landesforsten Barlohe", dann öffnet sich ein kleines Kästchen mit einer „Objekt-Information", die auch eine Fundstelle zur „rechtsgrun" ausweist. Gemeint ist wohl eine Rechtsgrundlage. Man muss sich hier die Mühe machen, den link herauszukopieren und in einem neuen Fenster zu öffnen, wird dann aber belohnt mit dem vollständigen Text der Landesverordnung über das Naturschutzgebiet „Naturwälder in den Landesforsten Barlohe" vom 30. Mai 2017 (LFoBarloheNatSchGV SH). Dort kann man dann in den §§ 4, 5 nachlesen, was verboten und was erlaubt ist. Verboten ist es etwa, Drachen steigen zu lassen (§ 4 I Nr. 14), ebenso das Zelten und Feuermachen (§ 4 I Nr. 16). Erlaubt ist hingegen das Errichten von Hochsitzen mit bis zu 10 Kubikmetern umbautem Raum (§ 5 I Nr. 2 lit a).

Nationalpark Wattenmeer

Der Nationalpark Schleswig-Holsteinisches Wattenmeer wurde durch ein Gesetz vom 17. Dezember 1999 errichtet und ist im Internet hier

https://www.gesetze-rechtsprechung.sh.juris.de/bssh/document/jlr-NParkGSH1999rahmen

zu finden.

Gemäß § 2 sind zwei Schutzzonen eingerichtet, die Schutzzonen 1 und 2, für die unterschiedliche Regelungen gelten. Die Ge- und Verbote ergeben sich aus § 5 und sind umfangreich. Verboten ist zB das Zelten (§ 5 I Nr. 4) sowie das Befahren der Land- und Wattflächen, auch mit Fahrrädern, ebenso das Reiten (§ 5 I Nr. 5). Selbst das Betreten ist eingeschränkt: Die Schutzzone 1 darf gar nicht betreten werden, die Schutzzone 2 nur in ausgewiesenen Bereichen (§ 5 II). Es gibt gemäß § 6 II Ausnahmen: In den von den Behörden ausgewiesenen Bereichen darf der Strand betreten werden, darf gebadet und gefahren werden, dürfen Kanufahrer die von den Behörden genehmigten Trittsteine benutzen (§ 6 II Nr. 4). Sogar nach Erdöl darf gebohrt werden (§ 6 III Nr. 6).

THÜRINGEN

Maßgebliche Gesetze:

- Thüringer Naturschutzgesetz (ThürNatG)
- Thüringer Gesetz über die Stiftung Naturschutz Thüringen (ThürNatSchStiftG)
- Thüringer Waldgesetz (ThürWaldG)
- Thüringer Gesetz über den Nationalpark Hainich (ThürNPHG)

Die Rechtslage im „einfachen“ Wald und in der „einfachen“ Natur

Betretungsrecht nach §§ 20, 21 ThürNatG und § 6 ThürWaldG

Es ist ja nicht jeder Wald, nicht jede freie Fläche gleich ein Naturschutzgebiet. In diesen „einfachen“ Gebieten gilt nichts als das Gesetz. Die Betretungsrechte sind geregelt in

§§ 20, 21 ThürNatG für die freie Landschaft und in

§ 6 ThürWaldG für den Wald.

Die wichtigsten Regelungen für die freie Landschaft sind:

- das Betreten der freien Landschaft zum Zwecke der Erholung ist unentgeltlich gestattet, § 21 ThürNatG
- Reiter, Radfahrer und Krankenfahrstühle müssen auf den Straßen und Wegen bleiben, § 21ThürNatG
- Brutfelsen und Horstbäume von Großvögeln dürfen in der Zeit vom 01. Dezember bis zum 30. September nicht bestiegen werden, § 20 ThürNatG
- die Nistplätze von Seeadler, Uhu, Wanderfalke, Schwarzstorch, Kranich, Rotmilan und Fischadler dürfen in näher beschriebenen Zeiten (Brutzeiten) nicht aufgesucht oder anderweitig gestört werden, zB durch Drohnen, und zwar in einem Abstand von 100 Metern, bei Adler und Schwarzstorch von 300 Metern.

Die wichtigsten Regelungen für den Wald sind:

- das Betreten des Waldes zum Zwecke der naturverträglichen Erholung ist jedem gestattet
- der Wald darf nicht beschädigt oder verunreinigt werden
- Hunde sind an der Leine zu führen
- -Reiter, Radfahrer und Krankenfahrstühle müssen auf den befestigten Wegen bleiben

- das Fahren mit Kraftfahrzeugen ist (nur) erlaubt, wenn Fahrer oder Mitfahrer im Besitz einer Sonderparkgenehmigung für Schwerbehinderte sind; sie müssen auf den befestigten Wegen bleiben
- verboten ist das Abstellen von Wohn-, Bienen- und sonstigen Wagen
- verboten ist das Zelten
- verboten ist das Radfahren, „insbesondere das Mountainbiking", abseits fester Wege und Straßen, § 6 VI 3 Nr 5 ThürWaldG
- die vorgenannten Verbote gelten nicht, wenn eine „Zustimmung des Waldbesitzers" vorliegt, § 6 VI 3 ThürWaldG
- Waldverunreinigung, § 13 ThürWaldG: ordnungswidrig handelt gemäß § 66 I Nr. 10 ThürWaldG, wer nicht der Waldbewirtschaftung dienende Gegenstände im Wald lagert, zurücklässt oder einleitet (bußgeldbewehrt)
- Feuer, § 12 ThürWaldG: Verboten ist
  - Feuer und offenes Licht im Wald und in einem Abstand von bis zu 100 Metern vom Waldrand; Ausnahme: von der Forstbehörde errichtete oder genehmigte Feuerstellen
  - brennende oder glimmende Gegenstände wegzuwerfen
  - Rauchen im Wald; auch auf Waldwegen

- (nur) mit Erlaubnis des Waldbesitzers darf Leseholz und Schlagabraum gesammelt werden
- jedermann ist gemäß § 15 II ThürWaldG berechtigt, „...Früchte wie Pilze, Beeren, Zapfen oder Nüsse oder oberirdische Teile von Pflanzen wie Kräuter und Gräser in geringen Mengen zum eigenen Verbrauch, Pflanzen in der Menge eines Handstraußes, ...“ mitzunehmen
- darüber hinaus ist m Staatswald das Sammeln von dürrem oder abgefaultem Leseholz, Rindenteilen und Zapfen sowie das nach Aufarbeitung zurückgelassene Holz unter 10 cm Durchmesser erlaubt, § 15 IV ThürWaldG

Eine Thüringer Besonderheit ist eine Verordnungsmächtigung in § 6 IX 1 ThürWaldG: Das Ministerium wird vom Gesetzgeber ermächtigt, die weiteren Details im Verordnungswege zu regeln. Das ist vergleichbar mit dem Straßenverkehrsgesetz und der StVO, die auch vom Verkehrsministerium jederzeit geändert werden kann, ohne dass der Bundestag davon auch nur erfährt.

Insgesamt gibt es sieben Durchführungsverordnungen (DVO ThürWaldG), die unter diesem Link gefunden werden können:

https://www.thueringenforst.de/aktuelles-service/service/gesetze-und-verordnungen

Von Bedeutung ist nur die Erste DVO. Dort ist ua in § 2 die Benutzung des Waldes geregelt. In § 2 IV werden die E-Bikes eingehegt:

„Unter die genehmigungspflichtige Benutzung von Waldwegen durch Fahrzeuge ...fällt insbesondere das Fahren mit motorgetriebenen Fahrzeugen, einschließlich der Fahrräder mit Hilfsmotor, ...“

Wohlgemerkt: All dies gilt nur für den „einfachen“, also nicht unter besonderen Schutz gestellten Teil der Landschaft und des Waldes.

Die Rechtslage in den besonders geschützten Gebieten

Für eine Wanderung sucht man sich allerdings in der Regel Gebiete aus, die besonders schön und reizvoll sind. Hier ist die Chance groß, dass es sich um ein Naturschutzgebiet oder ähnliches handelt. Aber wie findet man das heraus? Und welche Regeln gelten dort? Im besten Fall findet man am Waldrand ein Hinweisschild. Aber erstens sagt das nicht viel mehr aus, als dass es sich um ein NSG handelt, und zweitens weiß man damit immer nicht, was man tun darf und lassen sollte. Das gehört also zur Vorbereitung der Tour. Nur: Wie?

Naturschutzgebiete werden im Wege der Rechtsverordnung durch die obere Naturschutzbehörde (= Landesamt für Umwelt, Bergbau und Naturschutz, § 2 III ThürNatG) unter Schutz gestellt, § 9 I Nr. 4 ThürNatG. Die Rechtsverordnung nebst Karten ist bei der Behörde in Papier und/oder digital niedergelegt. Während der Dienstzeiten kann jedermann dort Einsicht nehmen, § 9 II ThürNatG.

Darüber hinaus wird gemäß § 12 I ThürNatG bei der Naturschutzfachbehörde (= Landesamt für Umwelt, Bergbau und Naturschutz, § 22 I ThürNatG) ein elektronisches Verzeichnis aller geschützten Teile von Natur und Landschaft geführt.

Ergo: Das Landesamt, abgekürzt TLUBN, hat alle Informationen, die Wanda braucht.

In „alten" Naturschutzgebieten, die schon vor dem Einigungsvertrag bestanden, ist verboten und ordnungswidrig das Fahren mit Fahrrädern, Kraftfahrzeugen und Wohnwagen außerhalb der Straßen und Wege sowie das Abstellen derselben außerhalb von Park- und Rastplätzen, § 36 II, III Nr. 6 ThürNatG. Für die „neuen" Naturschutzgebiete sind die dazu erlassenen Rechtsverordnungen maßgeblich.

Hilft das Internet? Die Suche mit „Thüringen Verzeichnis Schutzgebiete" führt zu dieser Seite:

https://tlubn.thueringen.de/naturschutz/schutzgebiete/naturschutzgebiet

Hier findet sich eine lange Liste mit NSG; die versprochenen Links zu „Steckbriefen, Rechtsgrundlagen und Literatur“ gibt es aber nur für einen sehr kleinen Teil der Schutzgebiete. Es funktioniert zB, wenn der Plan darin besteht, im NSG „Hasenwinkel“ zu wandern. Dort ist die Rechtsgrundlage, die „Verordnung über das Naturschutzgebiet Hasenwinkel vom 15.07.1939 (Amtsblatt der Preußischen Regierung zu Erfurt)“ als pdf verlinkt und man kann in § 3 nachlesen, dass es dort verboten ist, Pflanzen abzupflücken. Für die meisten Naturschutzgebiete fehlt aber eine solche Verlinkung. Wenn Wanda also lieber am „Vogelherd“ wandern möchte, dann hilft ihr diese Liste im Internet nicht weiter. Auch der Link auf den Kartendienst des TLUBN funktioniert nicht. Es erscheint der Text „Die Seite kann nicht angezeigt werden“. Da muss Wanda dann doch wohl während der Dienstzeiten zum TLUBN nach Jena fahren und dort die Rechtsverordnungen für die Naturschutzgebiete einsehen, in denen sie wandern will.

Ergänzung: Nach Auskunft des TLUBN ist die Internetseite noch im Aufbau. Die Schutzgebietsverordnungen werden nach und nach im Internet bereitgestellt werden.

Nationalpark Hainich

Der Nationalpark Hainich wurde durch ein Gesetz errichtet:

https://landesrecht.thueringen.de/bsth/document/jlr-HainichNatPGTHrahmen/part/X

Die relevanten Ge- und Verbote sind in den §§ 8 – 12 normiert.

Teil 3: Die Fragen

WAS IST DENN NUN ERLAUBT?

Waldrecht und Naturschutzrecht ist Ländersache, deshalb führt kein Weg daran vorbei: Verlässliche Informationen findet man nur in den Kapiteln über die einzelnen Länder. Siehe oben.

Wanda möchte das nicht hören, jedenfalls nicht jetzt. Sie möchte eine einfache Segelanweisung haben: Was ist, jedenfalls im Grundsatz, erlaubt und was ist verboten?

DARF MAN DEN WALD BETRETEN?

Ja. Alle Bundesländer haben die Vorgabe des Bundes umgesetzt und ein Betretungsrecht für jedermann gesetzlich umgesetzt. Auch der private Waldeigentümer muss das dulden.

DARF MAN QUERFELDEIN LAUFEN?

Im Wald schon eher als auf Äckern, Wiesen und Weiden. Das Betreten landwirtschaftlich genutzter Flächen ist in aller Regel untersagt, sei es ganzjährig, sei es während der Zeit zwischen Aussaat und Ernte oder Grasschnitt. Im Ergebnis dürfte das keinen echten Unterschied machen, denn nach der Ernte wird ohnehin sofort wieder eingesät. Im Wald ist das schon liberaler. Hier darf man im „einfachen“ Wald auch die Wege verlassen; in den Schutzgebieten ist das in aller Regel anders. Da gilt überall ein Wegegebot.

GEO CACHING

Das gilt damit auch für jeden Menschen, der geo cacht. In Bezug auf das Betreten des Waldes gibt es also kein Sonderrecht; wer in das Unterholz will, sollte vorher prüfen, ob es ein Wegegebot gibt. Die eigentlich betrübliche Nachricht kommt jetzt: Das Deponieren des „Schatzes“ ist überall dort verboten, wo es verboten ist, Gegenstände im Wald zurückzulassen. Und auch in der freien Landschaft ist es nicht besser. Da mag es an einem vergleichbaren Paragraphen in den Landschafts- und Naturschutzgesetzen fehlen, doch berechtigt das immer noch nicht dazu, auf fremdem Grund und Boden Gegenstände zurückzulassen.

Exemplarisch sei hier auf das saarländische Recht verwiesen. Im saarländischen Naturschutzgesetz ist das Zurücklassen von Gegenständen ausdrücklich verboten, § 11 III 2 SNG: *„Bewegliche Gegenstände,* *insbesondere Abfälle, dürfen in der freien Landschaft ...nicht zurückgelassen ...werden*". Das ist eindeutig und bezieht sich nicht nur auf Abfälle; diese werden nur als Beispiel erwähnt. Im Waldgesetz für das Saarland sucht man hingegen vergeblich nach einem vergleichbaren Verbot. Daraus folgt aber nicht, dass man im saarländischen Wald Gegenstände deponieren darf. Denn das Betretungsrecht erlaubt lediglich das Lustwandeln und einige wenige weitere Rechte, wie etwa das Pflücken eines Handstraußes. Der Eigentümer des Waldes ist also auch nur insofern eingeschränkt – er muss dieses dulden, alles Weitere nicht. Das Deponieren eines beliebigen Gegenstandes verletzt damit das Eigentumsrecht des Eigentümers, dieser kann gemäß § 1004 BGB die Entfernung verlangen. Das gilt gleichermaßen für die freie Landschaft wie für den Wald. Warum es dennoch im SNG ein ausdrückliches Verbot gibt, im saarländischen LWaldG hingegen nicht? Nun, über die Motive der Gesetzgeber kann lange spekuliert werden, das führt nicht weiter. Eine praktische Konsequenz gibt es allemal: Der Verstoß gegen das ausdrückliche Verbot des § 11 III 2 SNG ist gemäß § 52 I Nr. 2 SNG bußgeldbewehrt. Eine vergleichbare Bußgeldvorschrift für den Wald gibt es nicht.

DARF MAN RAD FAHREN?

Fahrräder dürfen durchaus in den Wald, müssen allerdings auf den Wegen bleiben. Und weil die Länder nicht zwischen Tourenrädern und Mountainbikes differenzieren, gilt das auch und gerade für die Mountainbikes. So bitter es der Szene auch aufstoßen mag: Sie dürfen nicht querfeldein holzen. Wer erwischt wird, muss mit einem Bußgeld rechnen, denn diese Regeln sind in den Ländergesetzen durchgängig als Ordnungswidrigkeit ausgestaltet.

GILT DAS AUCH FÜR E-BIKES?

Das ist eine interessante Frage. Denn ein E-Bike ist einerseits ein Fahrrad, andererseits ein motorbetriebenes Fahrzeug, mithin ein Kraftfahrzeug. Da macht es auch keinen Unterschied, dass der Motor nur dann für Vortrieb sorgt, wenn der Fahrer auch die Pedale betätigt. Das E-Bike ist damit nichts anderes als ein Fahrrad mit Hilfsmotor. Früher nannte man das Mofa.

Freilich gibt es doch einen Unterschied zu den meisten anderen Kraftfahrzeugen: Denn man kann das E-Bike auch als schlichtes Fahrrad nutzen, ohne Motorunterstützung. Darin liegt auch die Antwort auf die aufgeworfene juristische Frage: Wenn und solange das E-Bike ohne Motorunterstützung gefahren wird, dann ist es als normales Fahrrad anzusehen und zu behandeln. Sobald allerdings die Motorunterstützung hinzugeschaltet wird, ist das E-Bike als Kraftfahrzeug anzusehen und es gelten die – deutlich schärferen – Regeln für Kraftfahrzeuge. Denn diese Rechtsnormen differenzieren nicht nach Art des Antriebs oder der Zahl der Räder. Kraftfahrzeuge sind überall im Wald verboten, also Autos ebenso wie Motorräder, Diesel ebenso wie Benziner oder Elektromotoren. Ergo: Mit dem E-Bike darf man im Wald nur ohne Motorunterstützung fahren.

Das wirft natürlich sofort die Frage auf, wie der Ranger oder der Förster das denn wohl kontrollieren will. Vermutlich wird ihm das kaum gelingen, aber das ist für die juristische Einordnung ohne Belang. Tempo 50 gilt schließlich auch innerorts, obwohl etliche Leute schneller fahren und nicht erwischt werden.

UND DER ROLLSTUHL?

Die Gesetzgeber in den Ländern sprechen von „Krankenfahrstühlen“ und setzen sie den Fahrrädern gleich. Auch die Rollstühle müssen daher auf den Wegen bleiben.

REITEN

Das Reiten ist üblicherweise noch stärker reglementiert und eingeschränkt. In den meisten Ländern ist das Reiten nur erlaubt auf „trittfesten“ Wegen oder solchen Wegen, die ausdrücklich für Reiter zugelassen sind.

DER RUF DER NATUR

Die Blase drückt, der Darm drängt. Darf Wanda ihre Notdurft im Wald verrichten? Flüssig? Feststoffe?

Der Ruf der Natur ist mächtig. Irgendwann geht es nicht mehr und es muss alles raus. Aber darf man das? Eine naheliegende Antwort wäre „Ja, was soll man denn sonst machen?“, aber das ist kein juristisches Argument. Wer in bebauten Ortsteilen unterwegs ist, wird auch nicht auf den Gedanken kommen, er habe das Recht, sich in fremden Gärten zu erleichtern. Manche machen das trotzdem, vor allem nachts, vor allem in Vorgärten, vor allem in flüssiger Form. Das ändert aber nichts daran, dass das illegal ist.

Der Begriff „Wildpinkeln“ ist hinlänglich bekannt und taucht etwa 1 x jährlich zur Karnevalszeit in der Presse auf. Die Städte Köln, Düsseldorf und Mainz beklagen sich darüber, dass Männer und zunehmend auch Frauen ihr Leibwasser in aller Öffentlichkeit, an Hauswänden und in Hauseingängen abschlagen. Es hagelt dann Bußgelder gemäß § 118 OWiG – Belästigung der Allgemeinheit, früher: grober Unfug. Das aber ist nur die öffentlich-rechtliche Seite dieser Fragestellung.

Aus der Sicht des Grundeigentümers stellt sich eine ganz andere Frage: Muss sie, muss er diesen Eingriff in seine Eigentumsrechte hinnehmen? Gibt es einen einklagbaren Anspruch auf Ersatz der Reinigungskosten? Die Suche nach der Antwort auf diese Frage führt sowohl an den Anfang dieses Buches als auch in den Wald. Am Anfang dieses Buches wird dargelegt, dass das „Eigentum“ zwar grundgesetzlich geschützt, der Begriff aber nicht statisch ist. Das eigene Haus, der eigene Garten ist rechtlich gegen das Betreten durch andere Menschen geschützt – niemand darf da rein, ohne meine Erlaubnis. Für den Wald und die freie Landschaft gilt das nicht. Hier hat der Gesetzgeber in § 59 BNatSchG, in § 14 BWaldG sowie in den Gesetzen der Länder ein Betretungsrecht für Jedermann eingeräumt: Zum Zwecke der Erholung ist das Betreten der freien Landschaft und des Waldes gestattet. Dieses Betretungsrecht schränkt das Eigentum an der Waldfläche ein. Der Waldeigentümer muss das Betreten dulden – aber eben auch nur das.

Was ist gemeint mit „betreten“? Nun, zunächst einmal ist damit erlaubt, dass man dort überhaupt sein darf. Existieren. Ebenfalls erlaubt sind alle notwendigen Begleiterscheinungen, die mit dem Da-Sein eines Menschen im Wald verbunden sind. Es ist unvermeidlich, dass ich den Boden betrete und der dadurch komprimiert wird. Es ist unvermeidlich, dass ich die Luft atme, es ist unvermeidlich, dass ich beim Gehen Geräusche verursache, das Wild mich bemerkt und dadurch mehr oder minder gestört wird. Frage: Ist es auch unvermeidlich, dass ich dort meine Notdurft verrichte?

Die Waldgesetze schweigen dazu. Oft wird zwar ein Verbot ausgesprochen, mitgebrachte Gegenstände oder Abfälle zu hinterlassen, doch sind damit keine menschlichen Hinterlassenschaften gemeint. Hie und da schreibt ein Landesgesetzgeber, dass der Wald nicht „verunreinigt" werden darf, das passt schon eher. Einen Paragraphen aber, der sich expressis verbis der Notdurft widmet, sucht man vergeblich. Im Grunde genommen ist das auch nicht notwendig, denn der gesetzliche Ausgangspunkt ist klar: Fremdes Eigentum darf ich nur in dem Umfang nutzen, in dem das Gesetz es mir ausdrücklich gestattet – und das ist eben nur das „Betreten".

Nun ist nicht jeder Mensch gut zu Fuß und der Wald gerne auch mal groß. Der Waldspaziergang wäre für viele de facto nicht möglich, das Betretungsrecht wertlos, wenn es verboten wäre, das Leibwasser in diskreter Form abzuschlagen. In diesem Sinne ist es unvermeidlich – mit der Folge, dass das Betretungsrecht auch das Recht umfasst, im Wald zu urinieren.

Anders ist es mit menschlichen Hinterlassenschaften in mehr oder minder fester Form. Hier kann jede, kann jeder Vorsorge treffen. Der Toilettengang kann vor dem Aufbruch zu Hause erledigt werden. Eine Windel für Erwachsene kann im Rucksack mitgeführt und nach der Benutzung mitgenommen werden. Das klingt nur auf den ersten Blick befremdlich: Wer mit kleinen Kindern im Wald unterwegs ist, wird zwischendurch auch Windeln wechseln müssen. Es dürfte sich von selbst verstehen, dass man die volle Windel des Kleinkindes nicht in die Botanik werfen darf, sondern mitnehmen muss. Dann aber kann man auch die eigene Windel mitnehmen (tunlichst luftdicht verpackt).

Niedersachsen hat den gebotenen Interessenausgleich gut auf den Punkt gebracht: Das Recht zum Betreten der freien Landschaft *„findet seine Grenze in einer für die Grundbesitzenden unzumutbaren Nutzung“*, § 23 I 2 NWaldLG. Diese Abwägung geht natürlich in beide Richtungen, anders formuliert: Was ist wem zumutbar? Die breite Masse der Bevölkerung besitz keinen Wald, sie ist besitzlos. Die Gruppe der Grundbesitzer, auf der anderen Seite, dürfte im Vergleich zur Gesamtbevölkerung verschwindend gering sein. Bedenkt man weiter, dass von der Gesamtfläche der Bundesrepublik Deutschland nur rund fünf Prozent auf öffentliche Verkehrsflächen entfällt[6], dann folgt daraus im

[6] Gesamtfläche der Bundesrepublik Deutschland: 357.595 Quadratkilometer, davon Verkehrsflächen 18.102 Quadratkilometer; Quelle: Statistisches Bundesamt, Fundstelle:

Umkehrschluss, dass fast alle Menschen im Lande fast keine Fläche des Landes betreten dürften – gäbe es nicht das Recht zum Betreten von Wald und Flur (nur) zum Zwecke der Erholung. Das ist wenig genug. Jedenfalls dieses Recht muss effektiv gewährleistet sein und darf nicht dadurch weiter ausgehöhlt werden, dass es de facto nur unter Beschwernissen ausgeübt werden kann.

In Bezug auf das Leibwasser stellt sich daher die Frage, ob auch hierfür eine Windel mitgenommen und benutzt werden muss. Nach der hier vertretenen Rechtsauffassung ist diese Frage zu verneinen, und zwar aus Gründen der Zumutbarkeit. Für die Besucherin, den Besucher des Waldes stellt die Mitnahme eine erhebliche Beeinträchtigung des Erholungsrechts dar. Für die Waldbesitzer auf der anderen Seite ist die Beeinträchtigung denkbar gering, besteht doch Urin fast nur aus Wasser, zuzüglich einiger Salze, und hinterlässt weder olfaktorische noch optische Zumutungen. Das unterscheidet Urin von Hinterlassenschaften in fester Form.

---

https://www.destatis.de/DE/Themen/Branchen-Unternehmen/Landwirtschaft-Forstwirtschaft-Fischerei/Flaechennutzung/Tabellen/bodenflaeche-laender.html, abgerufen am 25.12.2023

Eine Anekdote am Rande: Das Amtsgericht Lübeck hat im Sommer 2023 einen jungen Mann freigesprochen, den das Ordnungsamt Lübeck wegen groben Unfugs mit einem Bußgeld gemäß § 118 OWiG belegt hatte, weil er nächtens, mit dem Rücken zum Strand, in die Ostsee uriniert hatte. Der Richter sprach ihn frei und man kann zwischen den Zeilen lesen, dass er gerne zu den Ordnungsbeamten gesagt hätte: „Kinners, nun lasst mal die Kirche im Dorf". Das Urteil (Az 83a OWi 739 Js 4140/23 jug), ist hier

https://www.gesetze-rechtsprechung.sh.juris.de/bssh/document/JURE235010120

im Volltext zu finden; die Lektüre lohnt sich.

DARF MAN LAGERN?

Es gibt einen Unterschied zwischen einer Rast und einem Lager. Es ist niemand verwehrt, eine Pause einzulegen, sich hinzusetzen und eine Vesper einzunehmen. Dazu darf man auch gerne die Thermoskanne aufbauen, das Brot auspacken und es sich gut gehen lassen. Schwieriger wird es, wenn eine Decke auf dem Boden ausgebreitet wird. Hier nähert man sich dem Begriff des „Lagerns". Ein „Lager" kann definiert werden als eine auch nur vorübergehende Einrichtung zur Versorgung und Beköstigung von Menschen unter Verwendung einer nicht unerheblichen Anzahl von Gegenständen. Das Aufschlagen eines Lagers für einige Stunden ist im „einfachen" Wald nicht verboten. Anders ist das in Schutzgebieten: Hier haben – einige, nicht alle – Bundesländer das „Lagern" untersagt. Offenbar steht dahinter die Befürchtung, dass die NSG zu großen Picknickplätzen degenerieren, am besten noch mit lauter Beschallung. Das ist in der Tat keine schöne Vorstellung.

ES WIRD DUNKEL. MUSS WANDA DEN WALD VERLASSEN?

Der Wald hat keine Öffnungszeiten. Das Betretungsrecht für jedermann ist zeitlich nicht eingeschränkt. Anders formuliert: Jeder darf zu jeder Tages- und Nachtzeit den Wald betreten und darin verweilen. Ein kleiner Wermutstropfen ist dennoch dabei. In Schleswig-Holstein und in Hessen muss man nachts auf den Wegen bleiben. In Hessen war man immerhin so ehrlich und hat diese Regelung in das Jagdgesetz geschrieben.

In den Schutzgebieten kann das anders geregelt sein. Sachsen etwa hat im Nationalpark Sächsische Schweiz normiert, dass der Park nachts zu verlassen ist (vgl dort § 6 II Nr. 13).

WANDA IST MÜDE. DARF SIE IHREN SCHLAFSACK AUSROLLEN?

Ja. Warum? Weil es nicht verboten ist. Man erinnere sich an den Anfang dieses Buches: Dies ist ein freies Land – und was nicht verboten ist, das ist erlaubt. Es findet sich in keinem der Wald- und Naturschutzgesetze ein Verbot, Schlafsäcke zu benutzen.

DARF SIE GAR EIN ZELT AUFBAUEN?

Nein. Warum? Aus eben diesem Grund. Die Länder haben in ihren Waldgesetzen durchgängig ein Verbot des „Zeltens" normiert.

IST EIN TARP EIN ZELT?

Der Gesetzgeber definiert den Begriff „Zelt" nicht. Nach allgemeinem Sprachgebrauch handelt es sich bei Zelten um leicht auf- und abbaubare Behausungen, die aus verarbeiteten Materialien bestehen, der menschlichen Unterkunft dienen und allseitigen Schutz vor der Witterung bieten sollen. Gilt das nicht auch für ein Tarp? Der hie und da geäußerte Einwand, dass ein Zelt einen Boden habe, ein Tarp hingegen nicht, ist wenig überzeugend. Denn auch Jurte und Wigwam haben in aller Regel keinen Boden und dürften dennoch als Zelt angesehen werden. Und dennoch ist das Tarp kein Zelt: Denn es bietet keinen „allseitigen" Schutz vor der Witterung. Das Tarp ist nur eine Plane, die man mehr oder minder geschickt verwenden kann, um sich vor dem Regen zu schützen. Das gelingt aber nie zur Gänze und darin liegt der Unterschied zum Zelt. Das ist so konstruiert, dass der Mensch einen Reißverschluss zuziehen und die Welt aussperren kann.

Ergo: Ein Tarp ist kein Zelt und deshalb überall dort erlaubt, wo nur das "Zelten" verboten ist.

WAS IST EIGENTLICH EIN BIWAKSACK, REIN RECHTLICH GESEHEN?

Ein Biwaksack ist ein Sack, in dem man schläft, in der Regel aus Plastik oder jedenfalls wasserabweisenden Materialien. Damit ist der Biwaksack rechtlich nicht anders einzuordnen als ein Schlafsack – siehe oben.

WIE WÄRE ES MIT EINER LAUBHÜTTE?

Eine Laubhütte ist kein Zelt denn sie wird nicht aus verarbeiteten Materialien erstellt, sondern aus im Wald vorhandenen natürlichen Materialien. Dennoch darf man diese Materialien ohne Erlaubnis des Eigentümers nicht verarbeiten, und zwar auch dann nicht, wenn alles rückbaubar ist. Denn der Wald, die Bäume, die Äste, selbst das Laub stehen im Eigentum desjenigen, der Eigentümer der Fläche ist. Das kann der Staat sein, das kann eine Privatperson sein. Die Waldeigentümer sind zwar verpflichtet, es zu dulden, dass jeder und jede diesen Wald betritt, aber damit hat es sich dann auch. Sie sind nicht verpflichtet, es hinzunehmen, dass andere Menschen ihr Eigentum in Gebrauch nehmen.

Ergo: Man darf den Wald „betreten“. Laubhüttenbauen ist nicht dasselbe, und zwar selbst dann nicht, wenn man das Laub selbst mitbringt.

FEUERHOLZ, ZUNDERSCHWAMM UND BIRKENRINDE

Ach ja, man merkt schon, was Wanda hier plant. Sie sucht nach Zunderschwamm und Birkenrinde, weil sie später ein Feuer entfachen will. Aber darf sie das denn? Fangen wir mit den Vorbereitungshandlungen an. Darf sie Zunderschwamm und Birkenrinde sammeln?

Im Grundsatz gilt: Der Wald gehört dem Waldeigentümer. Der Besitzlose darf den Wald betreten, ihn sich aber nicht aneignen. Wanda darf lebende Bäume nicht fällen oder beschädigen – das Abzupfen von Birkenrinde am lebenden Baum ist genau das, der Baum wird gehäutet. Ein Gleiches gilt allerdings auch für Totholz, denn auch das sind Früchte des Waldes, die allein dem Eigentümer der Fläche zustehen.

Nun gibt es glücklicherweise in einigen Bundesländern Regelungen im Waldgesetz, die den Besitzlosen in geringem Umfang ein Aneignungsrecht zugestehen. Ein Beispiel: In Mecklenburg-Vorpommern gilt dies:

- Beeren, Kräuter, Nüsse und Pilze sowie Blumen für Handsträuße darf jedermann in geringen Mengen für den eigenen Bedarf sammeln

- Holz darf im Staatswald (also nicht im Privatwald) für den eigenen Bedarf gesammelt werden, „*...wenn es sich um zu Boden gefallenes, dürres oder angefaultes Holz unter zehn Zentimeter Durchmesser handelt, ...*", § § 31 IV LWaldG.

PILZE UND BEEREN, KASTANIEN UND BUCHECKERN, BÄRLAUCH UND KNOBLAUCHRAUKE

Nicht jedes Bundesland hat ein Jedermannsrecht in das Gesetz geschrieben. Das macht aber nur dann etwas aus, wenn es um Totholz geht. Für Blumen, Kräuter, und so weiter hat der Bund ein „Handstraußrecht" in das (Bundes-)Gesetz geschrieben, § 39 III BNatSchG:

„Jeder darf ... wild lebende Blumen, Gräser, Farne, Moose, Flechten, Früchte, Pilze, Tee- und Heilkräuter sowie Zweige wild lebender Pflanzen aus der Natur an Stellen, die keinem Betretungsverbot unterliegen, in geringen Mengen für den persönlichen Gebrauch pfleglich entnehmen und sich aneignen."

Bundesrecht bricht Landesrecht, so steht es in Art. 31 GG. Daraus folgt, dass in den Ländern jedenfalls das erlaubt ist, was in §39 III BNatSchG steht. Die Bundesländer können aber darüber hinausgehen und mehr erlauben, so wie Mecklenburg-Vorpommern das gemacht hat.

Für Wanda folgt daraus, dass sie in Mecklenburg-Vorpommern durchaus Birkenrinde vom Totholz zupfen darf. Sie darf sich sogar Feuerholz zusammensuchen. In Nordrhein-Westfalen darf sie das nicht. Aber: Sie darf, auch in Nordrhein-Westfalen, *„...wild lebende Blumen, Gräser, Farne, Moose,*

Flechten, Früchte, Pilze, Tee- und Heilkräuter sowie Zweige wild lebender Pflanzen ...für den persönlichen Gebrauch pfleglich entnehmen...", weil das Bundesrecht es erlaubt, siehe oben. Und weil der Zunderschwamm ein (Baum-)pilz ist, darf sie den auch sammeln.

A propos Pilze: Das vorbeschriebene Jedermannsrecht erlaubt es Wanda auch, Pilze Kräuter, Beeren und andere Früchte zu sammeln und sich damit zu ernähren. Wer also im Herbst so gerne „in die Pilze" geht, der tut dies ganz legal.

FEUER

Wanda plagt der Hunger. Feuerholz hat sie keins gefunden, und wenn doch, dann war es nass. Aber sie hat zum Glück ihren kleinen Gaskocher dabei. Der ist schnell aufgestellt, hinterlässt keine Spuren und für eine Tütensuppe braucht sie ja auch nur ein bisschen heißes Wasser. Das wird ja wohl erlaubt sein. Oder nicht?

Die Antwort lautet: Nein. Feuer ist in jedem Wald verboten, da sind sich die Bundesländer einig. Das Verbot gilt nicht nur für den Wald selbst, sondern auch für einen Sicherheitsstreifen, gerechnet vom Waldsaum. Dieser Streifen ist unterschiedlich breit, je nach Bundesland. Das vom regenreichen atlantischen Kima geprägte Nordrhein-Westfalen etwa gebietet einen Abstand von 100 Metern, während das regenarme Brandenburg mit seinen Kiefernwäldern einen Abstand von 50 Metern genügen lässt. Darüber kann man sich wundern, aber: Der Gesetzgeber hat immer recht.

Etwas anderes gilt, wenn die Behörden Feuerplätze angelegt haben. Das gibt es in einigen Bundesländern, es dient wohl der Kanalisierung. Die Behörden dürfen Ausnahmen erlauben und mit der Anlage dieser Plätze machen sie davon Gebrauch. Wichtig ist nur: Es darf sich nicht um einen „wilden“, also illegalen Feuerplatz handeln. Man muss schon darauf achten, dass der Platz von der Forstbehörde angelegt wurde. Sicher kann man davon nur ausgehen, wenn der Platz entsprechend ausgeschildert ist.

EXKURS: OSTERFEUER

Im Behördendeutsch nennt man sie „Brauchtumsfeuer“ und sie haben es immer schwerer. In früheren Zeiten mussten sie nur bei der Ordnungsbehörde angemeldet werden, damit Behörden und Feuerwehren einen Überblick haben, wo es feuergefährlich werden könnte. In den letzten Jahren sind die Länder allerdings mehr und mehr dazu übergegangen, strengere Regeln aufzustellen.

Üblicherweise findet man diese in den Landesimmissionsschutzgesetzen, in Nordrhein-Westfalen etwa in § 7 LImSchG. Dort steht, dass Brauchtumsfeuer untersagt sind, „*...soweit die Nachbarschaft oder die Allgemeinheit hierdurch gefährdet oder erheblich belästigt werden können.*" Sodann werden die Gemeinden ermächtigt, die Details durch eine ordnungsbehördliche Verordnung zu regeln; etliche Gemeinden haben davon auch Gebrauch gemacht und häufig die Osterfeuer unter einen Genehmigungsvorbehalt gestellt. Das sollte man also tunlichst vor Ort erfragen, bevor man Freunde und Verwandte zum Osterfeuer einlädt.

RAUCHEN

Wanda hat diese schlechte Angewohnheit abgelegt, aber so lange ist das noch nicht her. Hätte sie rauchen dürfen im Wald? Hier bieten die Bundesländer ein buntes Bild. In manchen Ländern ist das Rauchen im Wald ganzjährig verboten, in anderen Ländern nur in den Sommermonaten oder während bestimmter Waldbrandstufen. Eine in der Sache ganz und gar unsinnige Ausnahme machen alle Länder für die Waldarbeiter, denn die dürfen immer und überall rauchen. Wie gesagt, der Gesetzgeber hat immer recht und vermutlich steckt dahinter der Gedanke, dass man es sowieso nicht verhindern könnte. Man sieht, dass Gesetzgebung und Kindererziehung vieles gemeinsam haben.

Wie steht es eigentlich mit E-Zigaretten? Dies ist ein schönes Beispiel für die stets notwendige Auslegung von Gesetzen. Wie bereits an anderer Stelle ausgeführt, sind begriffliche Unschärfen bei der Abfassung von Gesetzen nicht zu vermeiden. Die verwendeten Begriffe bedürfen daher der Auslegung, die letztendliche Definitionsmacht hat das Gericht. Was also ist unter „Rauchen" zu verstehen? Bei der Definition des Begriffs ist neben dem Wortlaut auch der Sinn und Zweck des Gesetzes zu ermitteln: Warum eigentlich hat der Gesetzgeber das Rauchen im Wald verboten? Der Grund liegt auf der Hand: Es ist die Waldbrandgefahr. Weil in herkömmlichen Zigaretten, Zigarren, Zigarillos und Pfeifen eine Glut entzündet wird, darin hohe Temperaturen entstehen und eine glimmende Glut, so sie denn aus Versehen auf den Waldboden gerät, ein hohes Risiko für einen Waldbrand darstellt, deshalb ist das Rauchen im Wald verboten. Frage also: Ist eine E-Zigarette in gleicher Weise gefährlich? Antwort: Nein. Denn in einer E-Zigarette wird keine Glut entfacht. Vielmehr wird auf einer mit elektrischem Strom erhitzten Fläche eine Flüssigkeit verdampft, die Temperaturen liegen deutlich niedriger als in herkömmlicher Zigarettenglut. Das Betreiben einer E-Zigarette ist daher sowohl nach dem Wortlaut – es entsteht „Dampf" und kein „Rauch" – als auch nach Sinn und Zweck der Regelung kein „Rauchen“ im Sinne der Waldgesetze.

WAS KOMMT IN DEN TOPF?

Wanda hat in ihrer Wanderkarte einen Lagerplatz mit amtlich erlaubter Feuerstelle gefunden. Sie freut sich und macht sich auf den Weg dorthin. Unterwegs überlegt sie sich, dass sie sich ja eigentlich auch aus der Natur ernähren könnte:

- Wildpflanzen, wie Bärlauch, Knoblauchrauke, Brennnessel, Giersch, und so weiter
- Maden aus vermodernden Baumstümpfen
- Wildkaninchen, Wildschweine, Rehe und Hirsche
- Forellen aus dem munter plätschernden Bach

Darf sie sich aus der Natur ernähren? Die Maden sind für Wanda eine eher theoretische Option, aber die anderen Fragen interessieren sie wirklich. Nun, zu den Pflanzen ist schon alles gesagt; das „Handstraußrecht“ ist jedermann eingeräumt, sei es auf landesrechtlicher, sei es auf bundesrechtlicher Ebene.

In Sachen Jagd und Fischfang gilt ein klares „Nein“. Die Jagd- und Fischereirechte stehen ebenfalls ausschließlich den Eigentümern der Flächen zu, die diese Rechte in aller Regel verpachten – der Jäger ist damit eben auch „nur Pächter“ und auch nur des Jagdrechts und nicht des gesamten Waldes, aber das ist er schon: Inhaber des Jagdrechts. Für die Fischerei gilt das in gleicher Weise; die Fischereirechte werden verpachtet und der Pächter hat an diesen Gewässern das alleinige Fischereirecht. Obacht: Wer diese Rechte verletzt, begeht nicht nur eine Ordnungswidrigkeit. Die Jagdwilderei ist eine Straftat, § 292 StGB, und die Fischwilderei auch, § 293 StGB. Der Schwarzangler ist also ein regelrechter Straftäter.

WASSER

Zum Kochen braucht man Wasser. Und da ist es egal, ob es ein Tee werden soll oder ob man gefriergetrockneten „Tütenmampf“ aufschütten will. Wanda fragt sich, ob es denn wohl erlaubt ist, das Wasser aus dem Bach zu nehmen.

Hier ist juristische Entspannung angezeigt. Der Bund hat in § 25 des Wasserhaushaltsgesetzes (WHG) einen Gemeingebrauch vorgesehen, die konkrete Ausgestaltung sodann den Ländern überlassen:

„Jede Person darf oberirdische Gewässer in einer Weise und in einem Umfang benutzen, wie dies nach Landesrecht als Gemeingebrauch zulässig ist, ...“

Theoretisch könnten die Länder den Gemeingebrauch auf Null setzen, aber das widerspräche der bundesrechtlichen Vorgabe und ist auch nirgends geschehen. Die einzelnen Regeln zum Gemeingebrauch sind:

- Baden-Württemberg: § 20 WG BW
- Bayern: Art. 18 BayWG
- Berlin: § 25 BWG
- Brandenburg: § 43 BbgWG
- Bremen: § 14 BremWG
- Hamburg: § 9 HWaG
- Hessen: § 19 HWG
- Mecklenburg-Vorpommern: § 21 LWaG
- Niedersachsen: § 32 NWG
- Nordrhein-Westfalen: § 19 LWG
- Rheinland-Pfalz: § 22 LWG
- Saarland: § 22 SWG
- Sachsen: § 16 SächsWG
- Sachsen-Anhalt: § 29 WG LSA
- Schleswig-Holstein: § 18 LWG
- Thüringen: § 25 ThürWG

ADLERFEDER

Ach ja, die Adlerfeder. Oder, für den kleinen Mann, die kleine Frau, die am Wegesrand gefundene Feder des Eichelhähers. Darf man die mitnehmen?

Hier kann man eine Analogie ziehen zum gefundenen Geweih. Wer im Wald das prächtige Geweih eines mächtigen Rothirsches findet, der darf das nicht mitnehmen. Denn das Aneignungsrecht am jagdbaren Wild steht allein dem Inhaber des Jagdrechts zu und die Rechtsprechung fasst darunter auch abgeworfene und/ oder verlorene Körperteile des Wildes.

Das wiederum macht die Sache interessant, wenn es um die Adlerfeder geht. Denn der Adler ist ganzjährig geschützt, unterliegt also nicht dem Jagdrecht. Anders formuliert: Kein Jäger darf den Adler totschießen und sich seinen Körper aneignen. Damit hat er auch kein Recht auf die Feder.

Aber: Wanda hat auch kein Recht auf die Feder. Denn das verbietet ihr der Artenschutz. Gemäß § 44 II Nr. 1 BNatSchG ist es verboten,

„...Tiere ... der besonders geschützten Arten in Besitz oder Gewahrsam ...zu nehmen (Besitzverbote), ...“

Aus dem allgemeinen Teil des BNatSchG, genauer aus § 7 II Nr. 12, Nr. 13 lit b) bb), ergibt sich wiederum, dass *„europäische Vogelarten“* zu den besonders geschützten Arten gehören. Alle Arten, also auch Allerweltsvögel wie Spatzen oder Kohlmeisen? Ja. Das Gesetz macht keine Einschränkungen.

Es bleibt die Frage, ob das Besitzverbot auch für einzelne Federn gilt, die ein Vogel eventuell in der Mauser verloren hat. Auch hier gibt das BNatSchG eine Antwort: Gemäß § 7 II Nr. 1 lit c) gelten als Tiere auch *„...ohne Weiteres erkennbare Teile von Tieren wild lebender Arten“*. Da macht es dann keinen Unterschied, ob es sich um eine Adlerkralle handelt, einen Wildsauzahn oder eine Häherfeder. Ergänzend stellt die gemäß § 54 BNatSchG erlassene Bundesartenschutzverordnung (BartSchV) klar:

§ 5

„Ohne weiteres erkennbare Teile von Tieren ...im Sinne des ...Bundesnaturschutzgesetzes sind

...

2. die in Anlage 3 bezeichneten Teile ... von Tieren ...“

Anlage 3: „Als ohne Weiteres erkennbare Teile von Tieren wild lebender Arten ...gelten:

…

3. Teile von Vogelbälgen und Federn von europäischen Vogelarten“

Nota bene: Der Eichelhäher ist im BJagdG ebenfalls nicht als jagdbares Wild gelistet. Da das Bundesrecht allerdings eine Öffnungsklausel enthält, können die Länder die Rabenvögel – und dazu gehört der Eichelhäher – zum jagdbaren Wild erklären. Diese Länder-Listen finden sich in der Regel in den Landesjagdzeiten-Verordnungen, danach sollte man suchen. In Nordrhein-Westfalen etwa ist der Eichelhäher derzeit nicht aufgeführt, wohl aber die Elster § 24 LJagdG NRW iVm § 1 I Nr. 25 LJZeitVO).

Das führt zu dem interessanten Ergebnis, dass der Jäger die Elster erlegen und sich ihre Feder an den Hut stecken darf, nicht aber der Wanderer.

HUNDE

Der Hund darf überall dabei sein, aber er darf nicht überall und nicht immer frei laufen. Die Bundesländer haben das teilweise fein ausdifferenziert. Es gibt teils unterschiedliche Regelungen für Feld, Wald und Flur, für verschiedene Zeiten im Jahr (zB Brut- und Setzzeit) und selbst zwischen Kurz- und

Langleinen wird schon mal unterschieden. So verlangt Hamburg etwa für das NSG Eppendorfer Moor, dass der Hund an einer kurzen Leine geführt wird (siehe oben „Hamburg“).

WAFFEN UND WERKZEUGE

Jedes Werkzeug kann auch als Waffe verwendet werden; wer einmal versucht hat, eine Stricknadel mit in's Flugzeug zu nehmen, kann davon ein Lied singen. Dennoch ist es nicht verboten, Werkzeuge mit in den Wald zu nehmen. Der eine kann sich nicht von seinem Hammer trennen, die andere geht nie ohne ihre kleine Wasserpumpenzange aus dem Haus. Dieses Land ist ein freies Land.

Anders sieht es aus bei Waffen. Aus gutem Grunde regelt das Waffengesetz, dass die dort gelisteten Gegenstände als „Waffen“ im Sinne des Waffenrechts gelten und entweder erlaubnispflichtig sind oder jedenfalls nicht in der Öffentlichkeit getragen werden dürfen. Für den Outdoorbereich sind drei Gegenstände von Relevanz:

- Säge
- Messer
- Beil

Die Säge ist unproblematisch, auch wenn es eine Klappsäge ist. Jeder Obstbaumfachwart hat sie am Gürtel baumeln und darf damit in die Öffentlichkeit und also auch in den Wald. Das Waffenrecht enthält hier keine Einschränkungen. Anders sieht es bei Messern aus.

Im Grundsatz können Messer frei erworben und besessen werden. Jede und jeder hat ein langes Küchenmesser in der Schublade.

Einschränkungen gibt es für das Tragen in der Öffentlichkeit, und zwar für Einhandmesser und Messer mit langer Klinge. Als „Einhandmesser" gelten Messer, deren Klappmechanismus einhändig bedient werden kann (sog. „Schnappmesser"). Gemäß § 42a I Nr. 3WaffG dürfen diese nicht in der Öffentlichkeit geführt werden. Gleiches gilt für Messer mit einer Klingenlänge von mehr als 12 cm. Erlaubt ist allerdings, diese Messer dann zu transportieren, wenn sie sich in einem verschlossenen Behältnis befinden, § 42 II Nr. 2 WaffG. Das kann auch der Rucksack sein.

Gänzlich verboten – also auch der Erwerb – sind gemäß § 2 II WaffG alle Gegenstände, die in der Anlage 2 Abschnitt 1 zum Waffengesetz (Waffenliste) aufgelistet sind. Unter Anderem sind das Butterflymesser, Fallmesser, Faustmesser, Springmesser (Nr. 1.4). Erlaubnispflichtig sind alle Gegenstände, die in dieser Anlage in Abschnitt 2 genannt sind (zB Signalwaffen für den Seenotfall).

Und das Beil? Oder gar eine Axt? Hier schweigen sowohl das Gesetz als auch das Bundes-Innenministerium. Das Waffengesetz verbietet das Führen von Gegenständen, die *„...ihrem Wesen nach ....“* dazu bestimmt sind, die Abwehrfähigkeit von Menschen zu beseitigen (Hieb- und Stoßwaffen), vgl § 42a I Nr. 2 iVm Anlage 1 Abschnitt 1 Unterabschnitt 2 Nr. 1.1 iVm § 1 II Nr. 2 lit a) WaffG.

Aber was ist das Wesen eines Beils? Diese Frage führt beinahe auf das Terrain der Rechtsphilosophie. Auf einer etwas profaneren Ebene hat das Bundes-Innenministerium in umfangreichen „Allgemeinen Verwaltungsvorschriften zum Waffengesetz (WaffVwV) vom 05. März 2012 versucht, die Regelungen des Waffengesetzes präziser zu fassen (Man erinnere sich: Verwaltungsvorschriften sind für die Beamten verbindlich, nicht aber für den Richter). Zur Anlage 1 Abschnitt 1 Unterabschnitt 2 Nr. 1.1 meint also das Ministerium:

„Hieb- und Stoßwaffen....Der ...Begriff erstreckt sich nur auf Gegenstände, denen nach der Art ihrer ersten Anfertigung oder späteren Verwendung oder nach der herrschenden Verkehrsauffassung von vornherein der Begriff einer Waffe im technischen Sinn

zukommt. ...Nicht zu den Hieb- und Stoßwaffen zählen Werkzeuge (z.B. Macheten, Fahrtenmesser). ...“

Äxte und Beile erwähnt das Ministerium nicht. Aber wenn schon eine Machete keine Waffe ist, dann dürfte dies erst recht für ein Beil gelten; bei Wikinger-Streitäxten mag man anderer Meinung sein. Das kleine Beil auf dem Umschlag dieses Buches jedenfalls darf man getrost mit in den Wald nehmen.

ABFÄLLE

Wanda baut ihr Lager ab. Sie fragt sich, ob sie ihre Abfälle verbrennen oder vergraben soll. Was ist besser? Weder noch. Die Landesrechte regeln durchgängig, dass Abfälle nicht zurückgelassen werden dürfen, und zwar weder in der einen noch in der anderen Form. Diese Verbote sind auch bußgeldbewehrt.

DER JÄGER KOMMT

Jeder und jede fürchtet sie insgeheim, die Begegnung mit dem Jäger. Der hat nämlich in der Regel eine zerfurchte Stirn, wenn er die Wandergruppen sieht, und fürchtet um eine Beunruhigung des

Wildes. Manchmal fordert er die Wanderer dann auch auf, das Waldstück zu verlassen – mal mehr, mal weniger höflich, je nachdem. Dann stellt sich die Frage: Darf der das?

Hier gilt: Grundsätzlich nein. Der Jäger ist kein Polizist. Allzumeist ist er nicht einmal der Eigentümer der Fläche, sondern (nur) derjenige, der von den Eigentümern das exclusive Recht gepachtet hat, in diesem Wald Tiere zu töten. Was darf also der Jäger? Er darf gerne auf die bestehende Rechtslage hinweisen, also die Naturschutzgesetze und die Waldgesetze, aber das ja letztlich nur eine Selbstverständlichkeit. Er darf auch gerne die Polizei rufen, auch daran ist nichts Schlimmes. Hilfreich sind die Belehrungen des Jägers dann, wenn der Wanderer sich in ein Wildschutzgebiet verirrt hat, für das besondere Einschränkungen gelten. Die Jagdbehörden - aber nur diese – können aus Gründen des Wildschutzes bestimmte Gebiete dazu erklären. Darauf mag der Jäger gerne hinweisen und dies am besten nachweisen; polizeiliche Befugnisse hat er nicht.

Auf einem anderen Level bewegen sich die Jagdaufseher: Sie stehen den Polizisten gleich. Denn § 25 BJagdG legt fest:

„Die bestätigten Jagdaufseher haben innerhalb ihres Dienstbezirkes in Angelegenheiten des Jagdschutzes

die Rechte und Pflichten der Polizeibeamten und sind Ermittlungspersonen der Staatsanwaltschaft, sofern sie Berufsjäger oder forstlich ausgebildet sind. Sie haben bei der Anwendung unmittelbaren Zwanges die ihnen durch Landesrecht eingeräumten Befugnisse."

Die Betonung liegt hier auf dem Adjektiv „bestätigten". Wer vorgibt, Jagdaufseher zu sein, muss auch eine Bestätigung der Jagdaufsichtsbehörden vorweisen können. Ein Schreiben des Eigentümers, etwa der Fürstlichen Forstverwaltung, reicht nicht aus. Denn auch der Fürst ist nur ein Bürger. Es muss also schon eine Bestätigung durch eine staatliche Behörde sein.

Einige Besonderheiten bedürfen noch der Erwähnung.

Bremen: Gemäß Art 2 II BremJadgG kann der Jäger andere auffordern, Störungen des Wildes zu unterlassen, wenn sie gegen gesetzliche Bestimmungen verstoßen oder das Wild in seinen Bauten oder Nestern stören und dadurch erheblich beunruhigen (bußgeldbewehrt, Art 41 BremJagdG). Das ist im Grunde genommen von keiner weiteren Bedeutung, denn an die Naturschutz- und Waldgesetze muss man sich ja ohnehin halten.

Mecklenburg-Vorpommern: Gemäß § 22 III LJagdG M-V ist es verboten, die Jagd absichtlich zu stören (bußgeldbewehrt, § 41 II Nr. 4 LJagdG M-V).

DER FÖRSTER KOMMT

Wanda hat Herzklopfen. Der Förster kommt strengen Blickes auf sie zu und fragt sie, ob sie denn wohl wisse, dass sie hier illegal unterwegs sei. Wanda hat Herzklopfen. Aber sie ist sich keiner Schuld bewusst. Was sie denn falsch gemacht habe? Der Förster klärt sie auf: Hier, im Naturschutzgebiet, müsse sie auf den Wegen bleiben; das Unterholz sei tabu. Wanda ist verstört: Sie hat nicht gewusst, dass sie sich im Naturschutzgebiet befindet.

Diese Situation kann leicht eintreten. Im „einfachen" Wald darf man über Stock und Stein laufen, in den Schutzgebieten muss man auf den Wegen bleiben. Die Hinweisschilder, die am Rande der NSG stehen, befinden sich aber immer nur an den Wegen, die in das Gebiet hineinführen. Wer also querwaldein läuft, der bekommt es gar nicht mit, dass sie oder er hier eine Grenze überschreitet.

Hilft das weiter? Ja und nein. Die Verstöße gegen die Verbote der Waldgesetze und der Verordnungen zu den Schutzgebieten sind in aller Regel bußgeldbewehrt; es gilt also das Ordnungswidrigkeitengesetz (OWiG). Hier ist nun der allgemeine Teil wichtig, genauer: die Vorschrift über den Tatbestandsirrtum, § 11 I OWiG. Wer nicht weiß, dass sie/er sich im Naturschutzgebiet befindet, der verstößt auch nicht vorsätzlich gegen das Wegegebot. Damit ist der Vorwurf einer vorsätzlichen Ordnungswidrigkeit schon mal vom Tisch. Das ist gut.

Aber: Die meisten OWi-Tatbestände sind vom Gesetzgeber so ausgestaltet worden, dass auch die fahrlässige Begehung ordnungswidrig und also bußgeldbewehrt ist. Wanda hätte sich, so der Förster, vorher mal schlau machen müssen, ob das von ihr auserkorene Wandergebiet möglicherweise an ein Naturschutzgebiet grenzt. Da hätte sie dann eben mit der Karte unterwegs sein müssen, notfalls mit dem GPS.

Da hat der Förster recht. Aber, und das ist die gute Nachricht, die Bußgelder für eine fahrlässige Ordnungswidrigkeit sind geringer als die für eine vorsätzlich begangene.

Und wenn man sich dumm stellt? Wenn man sagt, dass man gar nicht gewusst hat, dass man im Naturschutzgebiet auf den Wegen bleiben muss? Das hilft nicht weiter. Der so genannte Verbotsirrtum, § 11 II OWiG, ist in aller Regel vermeidbar, denn man hätte sich ja vorher erkundigen können. Unwissenheit schützt vor Strafe nicht.

SCHLUSSBEMERKUNG

Dieses Buch soll versöhnlich enden. Jeder Förster, jede Försterin hat diesen Beruf gewählt, weil sie/ er begeistert ist vom Leben „draußen“ und der Wald das zweite, wenn nicht das erste Wohnzimmer ist. Wanda und der Förster sind also verwandte Seelen und das merken sie rasch. Er lässt sie davonkommen mit einer Verwarnung und gegen das Versprechen, künftig besser aufzupassen, wo sie unterwegs ist.

Und die wunderschöne Häherfeder in ihrem Haar hat er auch nicht bemerkt.

NACHTRAG

Dieses Buch kann nur die Rechtsgrundlage in Deutschland wiedergeben. Für das Ausland muss man sich anderenorts auf die Suche begeben. Für die Richtigkeit der nachfolgenden Links wird keine Gewähr übernommen.

Finnland

Eine pdf-Datei mit dem Titel „Everyman's rights and the code of conduct on private land":

https://julkaisut.valtioneuvosto.fi/bitstream/handle/10138/159060/SY_5en_2015.pdf?sequence=1&isAllowed=y

Schweden

„The right of public access - Swedish freedom to roam":

https://visitsweden.com/what-to-do/nature-outdoors/nature/sustainable-and-rural-tourism/the-right-of-public-access/

Norwegen

„Das Jedermannsrecht – Freiheit mit Verantwortung"

https://www.visitnorway.de/reiseplanung/reisetipps/jedermannsrecht/